JN100810

中学校国語

思考モデル × 観点
で論理的に読む

文学教材の
単元デザイン

小林康宏

[著]

東洋館出版社

まえがき

　2021年1月26日付の中央教育審議会答申「『令和の日本型学校教育』の構築を目指して〜全ての子供たちの可能性を引き出す、個別最適な学びと、協働的な学びの実現〜」では「令和の日本型学校教育」の姿 を「『全ての子供たちの可能性を引き出す、個別最適な学びと、協働的な学びの実現』とする」とある。答申には以下の一節がある。

　　　これからの学校においては，子供が「個別最適な学び」を進められるよう，教師が専門職としての知見を活用し，子供の実態に応じて，学習内容の確実な定着を図る観点や，その理解を深め，広げる学習を充実させる観点から，カリキュラム・マネジメントの充実・強化を図るとともに，これまで以上に子供の成長やつまずき，悩みなどの理解に努め，個々の興味・関心・意欲等を踏まえてきめ細かく指導・支援することや，子供が自らの学習の状況を把握し，主体的に学習を調整することができるよう促していくことが求められる。

　ここで注目するのは「子供が自らの学習の状況を把握し，主体的に学習を調整する」の箇所である。

　「子供が自らの学習の状況を把握し，主体的に学習を調整」しているような個別最適な学びを実現するためには、直面した問題に対して一人一人の生徒が、自分なりの認知スキルを働かせて解決する力を付ける必要がある。

　ここで、中学校の国語の文学の授業に目を向けてみる。教師の読みを生徒に披露する授業、教科書の指導書に付録として付いている「問い」が書かれたワークシートをそのまま使い、生徒が書いた答えを淡々と確認していく授業、そのような状況に陥っている教室は数多くある。

　一方、生徒同士で活発な話し合いが行われ、豊かな解釈が生まれる授業、教師からの魅力的な発問によって、生徒がわくわくしながら登場人物の心情の解釈を答える授業も見られる。

　しかし、授業の楽しさにかかわらず、このような授業に参加している生徒の多くは、授業で扱った教材文の解釈を知ることは出来ても、どのようにしたらその解釈が生まれるのかをメタ認知する機会、すなわち「子供が自らの

学習の状況を把握」する機会はなく、読むための認知スキルを得ることがなく、挙句、「主体的に学習を調整」し「読む力」が身に付かない状況となっている。

このような状況になる最大の理由は、教師も生徒も、教材文の読解の内容に対しては関心が高いものの、解釈するための認知スキルに対しての関心が高いとは言えないことであろう。

そこで、本書では「読むこと」領域、特に、文学的文章における認知スキルを示し、生徒がその認知スキルを働かせ、伸長させていくための授業アイディアを示した。

その際、本書では認知スキルを、対象を捉える「観点」と「思考モデル」の二つの総体として位置付けた（現行学習指導要領の術語でいえば「観点」は「見方」であり、「思考モデル」は「考え方」である）。

「観点」は14タイプ、「思考モデル」は9タイプ示した。そのうえで、両者を効果的に組み合わせ働かせる授業プランを示した。「思考モデル」は言葉で説明するよりも、図式化することで理解が促される。そこで本書では、図式化した思考モデルを各教材に応じて示した。

学習課題を解決するための観点と思考モデルを蓄えていくことによって、課題の特性に応じて、生徒自身で観点と思考モデルを使い分けて活用することができるようになっていく。

なお、本書では、読むための認知スキルをより意識すべきジャンルとして文学的文章を中心に提案したが、むろん説明的文章においても「観点×思考モデル」は有効である。そのため、解説内の例示や単元デザインでは説明的文章も扱っている。併せて参照いただきたい。

個別最適な学びは、各自が自己流の追究をしていくことではない。まず、確かな解釈を可能にするための観点と思考モデルを学び、使い、有用感をもつ。そのうえで、課題に対して各自で観点と思考モデルを選択して使うことによって、成立する。

本書の提案により、生徒にとって確実に力が付く個別最適な学びの実現に至ることを期待する。

令和5年3月

著者

第2章 | 思考モデル×観点で論理的に読む
授業づくりのポイント

第 1 章

認知スキルを育てる14の観点と9の思考モデル

1．画一的で力の付かない「読むこと」領域の授業

（1）はまる生徒とはまらない生徒

　「少年の日の思い出」（光村・東書1）を教材とした授業。

　教師は、学習課題を「一つ一つチョウを押し潰した『僕』はどんな思いだったのだろう」と設定し、「僕」の思いについて解釈したことを述べ合っていく授業を構想します。

　授業ではとても積極的に発言する生徒がいます。教師はその子を中心に指名し、その子は教師の期待に応えるように発言していきます。そういった生徒は、授業終盤になり、協働追究を通して深まった解釈をワークシートに書く活動でも、積極的に自分の解釈を記述します。授業にしっかりと「はまった」姿が表に見られる生徒です。クラスの中で2、3人はそういった生徒がいます。彼らを中心に指名し、発言させ、深い教材研究の基に積み上げた教師の解釈を説明していくことで授業が進んでいきます。

　しかし、授業中、まったく発言しない生徒もいます。内容に興味があるのか、理解しているのか、その姿からはよくわかりません。けれども、授業終盤に書かせる解釈の内容は、豊かな内容であったり、テストになると高得点を取ったりします。本時の内容に対して楽しいという思いは表面には出てはきませんが、このようなタイプの子も「はまっている」姿といえます。

　一方、ワークシートには自分の解釈を書くものの、協働追究のときには発言することがほとんどなく、授業の「振り返り」でも「『僕』がチョウを押し潰した気持ちがわかった」といった抽象的で無難なことを書く生徒もいます。こういった生徒は一応教師の指示に協力はしてくれているのですが、きっと「早く50分が過ぎないかな」と思っているのでしょう。授業に「はまっていない」姿だといえます。

　さらに、ワークシートにほとんど何も書かず、授業の途中から寝てしまう生徒もいます。このような生徒は授業に「はまっていない」典型的な姿だといえます。

（２）知らず知らずに押し付ける教師の読み

　このような「はまる」生徒、「はまらない」生徒が表れるのはなぜでしょう

　それは、生徒の側ではなく、むしろ教師がその原因をつくっているといえるでしょう。特に小説の解釈の授業になると、教師は生徒に、教師の深い教材研究の中で生み出された深い解釈を共有させたいと願います。例えば、「少年の日の思い出」で「『僕』はなぜチョウを粉々に押し潰してしまったのだろう」といった問いについては、教材文を根拠に、指導書などを参考にして、「エーミールへの贖罪」「自暴自棄」「自己嫌悪」「反省」など、様々な解釈の可能性を追究します。そして、教師自身が納得した解釈と読みを、生徒と共有したいという願いをもって授業に臨みます。

　その結果、どのようなことになるでしょう。知らず知らずのうちに、教師の求める解釈に生徒を誘導してしまうような授業になる場合があります。

　生徒が発言した内容を、「あなたの言いたいことはこういうことで良かったですね」というように教師が都合の良いように編集してしまうことは往々にしてあります。また、教師が机間指導をした際に、教師の読みと類似している生徒の読みを確認しておき、そういった読み方をしている生徒を中心に指名し、まるで生徒がつくった解釈のようにしながら、教師の読みを広げていくこともあります。さらに、期待する読みが生徒からなかなか出てこない場合には、教師の読みを丁寧に説明していくといったケースもあります。これらは皆、生徒の読みを高めたいと願う教師の善意から生まれるものです。

　けれども、そういった授業を繰り返していると、教師が熱心に説明してくれる読みの世界に共感する生徒は「面白い！」と感じどんどんはまっていくのに対し、教師の読み方とは異なる読みをしている生徒は、どんどん冷めていきます。「結局、先生は自分の読みを押し付けたいだけじゃないか。どうせ、私たちの読みは浅いと思っているのでしょう」といったように、教師を見切っていきます。

　その結果、教室には、教師の読みに「はまる」一部の生徒と、「はまらない」多くの生徒、といった状況になってしまうのです。よかれと思って教師が広げようとしている「質の高い」解釈は、生徒にとっては「画一的な押し付け」

となってしまうのです。

（3）教材の読み取りができてもテストでは役立たない

　さて、「はまる」生徒、「はまらない生徒」といった二極化した教室の生徒たちが受けるテストではその結果に違いはあるのでしょうか。教材文の一部を切り取り、また、問題の内容も授業で扱ったことと同じものにしてあるような定期テストの問題では、「はまる」生徒の方が、「はまらない」生徒よりも高得点を取る傾向があります。それはなぜかと言えば、「はまる」生徒たちは授業の内容をよく「覚えている」からです。学習内容に対して、興味・関心が高ければ、そうでない生徒たちよりも学習内容が頭に入ってくるのは当然です。

　では、中学３年生になって行う、国語の授業では扱っていない教材文を使った、所謂「総合テスト」や「模試」では、「はまる」生徒と「はまらない」生徒の差はどうでしょうか。先ほど述べた、記憶再生型の定期テストよりも、「はまる」生徒と「はまらない」生徒の差は小さくなります。当然、授業にはまっていて頑張っている生徒はその中で、少しずつ読む力も付けていきます。それに比べて、「はまっていない」生徒の場合には、授業を通して、読む力はあまり伸びてはいないでしょう。けれども、両者の違いは、さほど大きいものではありません。

　その理由は何でしょうか。

（4）結局、読む「力」を獲得させていない

　理由は、端的に言えば、結局、授業の中で「読む力」を生徒に獲得させていない、ということに尽きます。例えば、「少年の日の思い出」の授業で教師の「『僕』はなぜチョウを潰したのでしょう」という問いに対して、「自暴自棄になった」という解釈を生徒と共有したいと考えたとします。

　授業で教師は、「『僕』は、これまで、自分なりにチョウを大切にしてきたと思っていたのに、ただでさえ鼻持ちならないエーミールに軽蔑されてしまい、自暴自棄になった」という「解釈内容」を生徒と共に肉付けしていきます。解釈の内容が深くなっていくことは、もちろん、大切なことです。自分

一人では考えつかなかった解釈に至ることは、読むことの楽しさにつながっていきます。

　けれども、教師の深い読みがあり、そこに生徒を連れて行くような授業では、「読む力」は付きません。「読む力」というのは、どんなところに着目して、どのように考えたら、解釈することができるのかといった読み取りの視点と思考法を合わせたものです。教師と共に、いくら「これまで、自分なりにチョウを大切にしてきたと思っていたのに、ただでさえ鼻持ちならないエーミールに軽蔑されてしまい、自暴自棄になった」といった「解釈内容」を生み出せたとしても、どのような観点でどのような思考法を使ったらその解釈内容に至ったのかを自覚させるような授業でなければ、「読む力」を生徒に付けることは難しいでしょう。

　したがって、教師の思い描く作品世界を共有していく「はまる」生徒たちと、「はまらない」生徒たちとでは、結局、初見の文章に対する読み取る力の差が少ないという結果になります。いくら、教師と一緒に教材文に入り込み、解釈を創り上げていっても、どのようにしたらその解釈ができるのかという読み方のメタ認知をさせない限り、「読む力」は付いていきません。

　「『僕』がチョウを潰したのは、自暴自棄になってしまったからだと思います」と言った生徒に対して、解釈の内容について、「確かに、『僕』はもうどうなってでもいいやという気持ち、あったでしょうね。」といったように価値付けることはあるでしょう。けれども、そういった発言をした生徒に対して、解釈内容を価値付けるとともに、「それはどこに目を付けたのですか」といったように観点の確認をしたり、「どう考えたのですか」といった思考法の確認をしたりしなければ、その生徒は自分の読み方を自覚することはないでしょうし、その生徒の読み方がクラスに広がっていくこともありません。

　教師の深い教材研究を基にした解釈を、教師が生徒を引っ張る形で理解させていく授業は、皮肉なことに生徒一人一人の解釈内容を画一的なものにしてしまい、国語嫌いを生むもととなり、さらに、一人一人の「読み方」を自覚し、広げ、読む力を付ける機会を逸してしまう危険性をはらんでいるのです。

2．自分らしく読む力を付けるために

（1）教室で読む目的

　そもそも、生徒が教室で数時間をかけて「少年の日の思い出」を読み解いていくのは何のためなのでしょうか。

　大きくは二つあります。

　一つは教材文の価値を生徒に感じ取らせることです。

　例えば、「少年の日の思い出」であれば、謝るだけでは許されることのない、大人になっても引きずってしまうような「取り返しのつかない失敗」があることを感じ取ることができるでしょう。

　また、生徒と同年代の中心人物の「僕」の自己本位な考え方に触れることで、精神的に大人になっていくとはどのような状態になることなのか考える契機にもなるでしょう。

　特に文学的文章を扱った学習では、このような教材文のテーマや人物像を読み取ることにより、人の生き方について生徒に意識させていくことができます。

　国語の授業のうちの多くは、教材文の価値を生徒に見付けさせたり、説明したりして、感じ取らせていくことに関心があります。

　殊に教科書に掲載されている文学的文章は、生徒がこの先の人生を生きていく上で参考になることが描かれています。「少年の日の思い出」にしても、「僕」は素晴らしい人間性の人物として描かれているわけではありません。

　生徒が小学校時代の文学的文章で出合っている中心人物は、基本的には良い人です。「お手紙」のかえる君は、落ち込んでいるがま君を元気付けようと手紙を書きます。「大造じいさんとガン」の大造じいさんは、残雪の前に現れたハヤブサを利用して残雪を撃とうとすることはありません。「海のいのち」の太一は、クエと出会いましたが、クエをこの「海のいのち」であると認識し、打つことはありませんでした。

　このように小学校の教材では基本的に「善人」が中心人物となっています。一方、中学校の教材の中心人物は全員が全員「善人」というわけではありません。「少年の日の思い出」の「僕」は自己中心的な考え方が残る存在とし

て描かれています。「故郷」の「私」も故郷に帰り、故郷のために力を尽くすという存在ではなく、結末では希望を見いだしますが、故郷に対して絶望感をもつ存在として描かれています。

　生徒にとっては、教材の中心人物が「善人」や「ヒーロー」ではないことで、良いことも考えればそうではないことも考えるといったような「人」の本質を感じ取ることができます。

　国語の授業では、このような人物像や、教材文の全体像や表現の巧みさを生徒に理解させようとすることは、生徒がこの先生きていく上での教訓や手がかりを得ていくためには非常に重要なことです。

　ただ、国語の授業で教材文を生徒が読む目的は、内容的な価値をつかむことだけではありません。目的の二つ目は文章を読み取る力を生徒に付けることです。

　言い換えれば、教材文の内容的な価値を生徒自身がつかみ取れるようにする力を付けるためです。

　例えば「少年の日の思い出」で、視点人物以外の人物に着目して同化するといった読み方を学び、新たな解釈が生まれたり、読みが深まったりという経験を得た生徒は、他の小説でも、同様の読み方を使い、自分の力で、その小説の価値に迫っていくことができるでしょう。

　そのためには、教材文の価値を獲得させることとともに、そのための「読み方」を身に付けさせるという意識を教師が認識し、授業に臨むことが必要になります。

　また、生徒に「読み方」を学ばせることを意識した授業にすることは、生徒に「自分らしく読む」力を付けることにもつながります。

　教師にとって教材文で教えたい内容的な価値があり、そのことを理解させようとする授業では、生徒に読み取って欲しいことは絞られてきます。教師が教材研究で見付けた価値は生徒に教えるに値することに他ならないのですが、どうしても、教材文の解釈の幅は狭くなっていきます。その結果、授業にはまらずに、息苦しさを感じたりする生徒や、受け身になったりする生徒が出現していくことにつながります。

　一方で、教師の目線で捉えた教材文で教えたい内容的な価値を生徒に理解

させたいという意識をもつとともに、「読み方」を学ばせようとする授業では、解がどんどん狭くなっていくような息苦しさを伴う授業ではなく、「読み方」を働かせる生徒の個性によって広がりのある授業となっていきます。

　数字や図形を扱う数学ならば、一つの公式を使うことによって、確かな一つの解を誰もが導くことができます。

　一方、国語の文学的文章のような数多くの言葉が紡がれたものでは、一つの「読み方」を使っても、生徒のこれまでの経験や考え方等により異なった解釈が生まれてきます。

　「読み方」を学ばせるということは、生徒がこの先出合う文章を自分の力で読み取っていくために必要であるとともに、個性を生かした読み取りを保障することにもつながります。

（2）個別最適な読みを協働的に高め合う

　このように、一人一人の個性が反映された読み取りが生まれる読み方こそ「個別最適な読み」といってよいでしょう。

　「個別最適な学び」とは、「指導の個別化」と「学習の個性化」という要素から成り立っています。

　「学習の個性化」を例えば小説の読みに当てはめてみると、生徒が各自の問いをもち、その問いを解決していくといった印象をもちます。

　小説を一読し、疑問をもち、自力で解釈し、それをクラスの仲間に発表し、互いの読みをさらに深めたり、広げたりしていけることは素晴らしいことです。けれども、実際に、一人ひとりの状況に目を向けてみると、問いをもち、問いを解決するための読みの方法をもち、選択し、自覚的に働かせていくことのできる生徒はさほど多いとはいえません。

　そこで、教師の読みを説明するような授業になっていってしまうことがあるのですが、それでは、生徒に読む力は付きません。

　以上のことから「個別最適な読み」がなされる状況には二つのケースがあるといえます。

　一つは、生徒一人ひとりが教材文を読み取る方法を複数もっている状況です。本時の学習課題を解決するために、ある生徒は、登場人物の行動に着目

し、同化して考えたり、ある生徒は、反復表現に着目し、比較して考えたりといったそれぞれの読み方を使って解釈するというものです。クラスがこのような状況になったら理想的です。

　もう一つは、学習課題を解決するために適切な読み方の指導を受け、各自でその読み方を使っているという状況です。この方法だと、一つの考えしか出ないのではないかという懸念が生ずる可能性がありますが、実際には生徒の考えは単一になってしまうことはありません。

　例えば「少年の日の思い出」の最後の一文から「僕はどのような気持ちで『チョウを一つ一つ取り出し，指で粉々に押し潰してしまった』のだろうか」という学習課題を設定したとします。

　生徒に「『僕』の行動を示す言葉に着目し、その言葉があるときとないときを比較する」という読み方を指導します。

　「一つ一つ」に着目する生徒もいますし、「粉々に」や「押し潰して」に着目する生徒もいます。

　また、同じ箇所に着目していても、生徒によって答えは多様なものになります。「『一つ一つ』がなかったら、集めたチョウを入れ物からどんどん取り出して潰していったような感じがするけれど、『一つ一つ』があることで、大事なチョウを一匹ずつ取り出している感じがする」と対象とした言葉の意味に沿って考える生徒や「『一つ一つ』があることで、これまで何年もかけて集めてきたチョウとの思い出を噛みしめている」といった小説の展開を想起しながら考える生徒もいます。

　まずは、本時の課題解決に適した読み方の指導を行い、各自がその方略により読んでいくことで個別最適な読みの状況をつくり、各自の読み取りを述べ、検討することで協働的な学びへと展開していきます。

　また、このようにして、学習課題の設定をする際、読み方の指導を繰り返すことで、生徒一人一人に確実に読み方を獲得させていくことができ、多様なアプローチで学習課題の解決に向かう状態をつくることができます。

　個別最適な読みにも大きくは二つの段階があることを意識して、読み方の指導を確実に行うことが必要です。

3．文章を読み取るための二つの技

　文章の読み方を学び、働かせることで、個別最適な読みの実現が図られ、文章の読み方を響かせ合うことで、協働的な学びが生まれていきます。

　では、文章の「読み方」とは一体何でしょうか。

　端的に言えば、着目する観点に沿って文章から情報を取り出し、概念的思考を働かせ情報に意味付けをすることだといえます。

　例えば、「少年の日の思い出」でチョウを潰した「僕」の心情を解釈する際に、『チョウを一つ一つ取り出し、指で粉々に押し潰してしまった』のうち、「一つ一つ」や「粉々に」など一か所の言葉に着目するといったように情報を取り出し、その言葉があるときとないときとの違いを比較するといった概念的思考を働かせ、「僕」の心情を解釈するといった意味付けをするということです。

　「読み方」とは、情報に着目する「観点」と「思考法」を併せたものです。

（1）読み取るための「観点」を使う

　文章を読み取るための「観点」は、文学的文章と説明的文章とでは大きく異なります。

　文学的文章を読み取るための観点は後述するように数多くあります。

　文章中に繰り返し出てくる「反復表現」であったり、「オノマトペ」であったりと、教材文の特徴によって様々に設定することができます。

　「少年の日の思い出」であれば、「チョウ」が教材文には数多く登場します。「僕」の幼い頃のチョウの描き方、事件を起こしてしまったときのチョウの描き方、「私」に思い出を語る前の「客」から見たチョウの描き方、そして、エーミールの「チョウ」の描き方はそれぞれ異なります。それぞれの登場人物のチョウに関する表現を取り出すことで、登場人物がチョウに対して、いつ、どのような認識をもっていたかを解釈することにつなげていくことができます。

　また、観点はさらに二つの側面をもっています。

　一つは「何を見るか」です。

チョウに着目するといったものは「何を見るか」に該当するものです。

二つは「どこから見るか」です。

言い換えると、「どのような立場から見るか」というものです。

例えば「少年の日の思い出」で「エーミールは本当に嫌な奴といえるのだろうか」といった学習課題を設定したとします。このときに多くの生徒は「本当に嫌な奴といえる」という立場をとる者と、「『僕』とは性格が合わなかっただけで、本当は嫌なやつとはいえない」という立場をとる者に分かれます。

生徒はそれぞれの立場からみて、教材文から情報を取り出していきます。

その際、例えば「エーミールは、本当は嫌なやつとはいえない」という立場から、「チョウ」の扱いに関する表現に着目するといったように、「どこから見るか」という観点に従い、「何を見るか」という観点を使うといったように、二つの観点を段階的に使うということもあります。

（2）読み取るための「思考」を使う

観点に沿って情報を取り出したら、それらを関係付けていきます。それが「思考法」です。

例えば「押し潰して」を取り出したら、「押し潰して」の「押し」を取った「潰して」と「比較」するといったものです。そうすることで、「押し」に込められた「僕」の強い気持ちの解釈が可能になります。

このような「比較」や、「分類」といった思考法は、「思考モデル」として図式化することで、どのように考えれば良いのかが理解しやすくなります。

このような「観点」と「思考法」は、実際の授業の中では、複数を組み合わせて使うことも多くあります。次節からは「観点」と「思考モデル」に分け、それぞれの特徴を具体的に説明していきます。

4．文学的文章を読み取るための ⑭ の観点

観点01 反復表現

効果
　「反復表現」は、二つに分けることができます。一つは「変化しない反復表現」、もう一つは「変化する反復表現」です。「変化しない反復表現」というのは、**「故郷」**（光村・東書3）に登場する『金色の月』のように、同じものやことが繰り返されるものです。一方「変化する反復表現」というのは、**「少年の日の思い出」**（光村・東書1）に登場する「クジャクヤママユ」のように、くり返し登場するのだけれども、形等が変化していくものです。

　「反復表現」に着目することで、人物の心情・様子の変化を理解につなげることができます。説明的文章でも、「反復表現」は使われています。「変化しない反復表現」として所謂「キーワード」があります。読み手は、「キーワード」に着目して読むことで、文章の内容をより理解することができます。

読み取り方
　「変化しない反復表現」は、文字通り、教材文の中で「変化」せず、繰り返し使われている言葉です。説明的文章の場合には、教材文の中に登場する回数の多い言葉を見付けていきます。例えば**「ちょっと立ち止まって」**（光村1）では「見る」が数多く使われています。「見る」を見付けて、それぞれの箇所で述べられている「見る」の違いを読み取ることで教材文の内容理解が促されます。文学的文章でも**「盆土産」**（光村2）の「えびフライ」「えんびフライ」のように、頻出する「変化しない反復表現」があります。これらの言葉を誰がどのような思いで語っているのかを考えることで、教材文の読みが深まります。

代表的な教材

変化しない反復表現▶ **「シンシュン」**（光村1）…『そっくり』
　本教材では『そっくり』という言葉が冒頭と結末に登場します。冒頭での『そっくり』は、中心人物「シュンタ」と「シンタ」の趣味、容姿等がよく似ていることを示しますが、結末での『そっくり』については、『そっくりだけど、全然違う人間なのだ』と書かれています。

- -

変化する反復表現▶ **「走れメロス」**（光村・東書2）…『太陽』
　王城に向かうメロスの時間的・精神的状況は「日は高く」「斜陽は赤い光を」「日はゆらゆら水平線に」等で描かれています。これらを比較することでメロスの心情の変化を理解することができます。

言動・態度

効果

「言動」は二つに分けることができます。

一つは「会話文」です。ここにはさらに、声に出して言っているものと声に出さないけれども心の中で言っているものの二つが含まれています。「会話文」に着目することで、登場人物の心情を読み取ることができるのは言うまでもありませんが、人物像も読み取ることができます。例えば**「故郷」**（光村・東書3）に登場するヤンおばさんの「ああ、ああ、金がたまれば財布のひもを締める。……」といった会話文の口調には、彼女の嫌味な人物像がよく表れています。

もう一つは、「行動」です。行動からは間接的に登場人物の心情を解釈することができます。例えば**「少年の日の思い出」**（光村・東書1）の最後の一文「そして、ちょうを一つ一つ取り出し、指で粉々に押しつぶしてしまった」という行動描写からは、「僕」の絶望感がよく伝わってきます。

読み取り方

会話文や行動描写そのものを見付けることはたやすいことです。けれども、それらの文から、心情、人物像を読み取るためにはもう少し注意深く文を見る必要があります。会話文から人物像を読み取っていく場合には、会話文の話主の言葉遣いに注目するのが一つのポイントです。例えば**「故郷」**（光村・東書3）の「母」の丁寧な言葉遣いからは「母」の育ちが良く、穏やかな性格という人物像が読み取れます。また、複数の会話文から共通する言葉を取り出し共通性を分析することも、人物像の読み取りにつながります。また、行動描写は、人物の心情も併せて考えていくことが大切です。行動描写が出てくるとストーリーは先に進んでいきますので、話の筋を追う意識が強くなりますが、一文ごとに心情を思い浮かべていくことが必要です。

代表的な教材

会話文 ▶ 「故郷」（光村・東書3）…ルントウの会話文

幼い頃と現在ではかなり口調が異なります。口調の変化に着目することでルントウの人物像を解釈することができます。

行動描写 ▶ 「星の花が降るころに」（光村1）…「私」の行動描写

例えば「私」の「星形の花を土の上にぱらぱらと落とした」等、心情の解釈につながる行動描写が多用されています。

視点

　小説や物語がどこから語られているかを示すものが視点です。

「故郷」（光村・東書3）のように小説の中の様子や出来事が「私」の目を通して描かれている場合には「一人称視点」となります。一人称視点で描かれることにより、読者は、登場人物に同化し、感情移入しやすくなります。ただし、読者は、語り手が入り込んだ人物（以下、視点人物）以外の人物については、視点人物から見た情報のみしか得ることができません。読者は視点人物に寄り添って読んでいきますので、視点人物の考えや感覚が正しいものだと思ってしまいます。そうなってしまうと、小説は半分くらいしか楽しむことができません。視点人物ではない人物についても心情を考えさせていくことで、視点人物の考えや感覚は相対化され、より作品世界を深く味わうことができます。

一方、小説の中の様子や出来事を登場人物の外側から描くものが「三人称視点」です。「走れメロス」（光村・東書2）では、一部が一人称視点のように描かれていますが、基本的には、語り手は登場人物を「メロスは…」と述べ、三人称の視点の形をとっています。一人称視点では語り手は一人の人物の心の中にしか入れませんが、三人称視点の場合には、語り手は様々な人物の心の中に入ることができますので、読者も、様々な人物の心情を把握していくことができます。

- -

　一人称視点は「私」「僕」など、語り手が一人称で書かれたものです。一人称視点の教材文と出合ったら、「私」や「僕」に同化しながら読んでいくと共に、「私」や「僕」の考え方を客観視していくことも必要です。また、相手役、脇役の捉えも、あくまでも「僕」「私」の価値観で捉えていることを踏まえながら読むことが大切です。三人称視点の場合には、「シンタ」「シュンタ」「三吉」「メロス」のように視点人物の名前が示されています。

代表的な教材

一人称視点 ▶「少年の日の思い出」（光村・東書1）…「僕」

エーミールの視点で考えると僕の幼さがよく分かります。

- -

三人称視点 ▶「走れメロス」（光村・東書2）…「メロス」

三人称視点により、メロスの活躍が映像を見ているように伝わってきます。

観点04 助詞・助動詞・補助動詞

効果

「走れメロス」（光村・東書２）では、夕暮れの刑場に向かうメロスにフィロストラトスが、からかう王に対してセリヌンティウスが「メロスは来ますとだけ答え」たことを伝えます。セリヌンティウスのもつ、メロスは必ず刑場に来るという強い信念が伝わってきます。それはセリヌンティウスの言葉の中の「だけ」の助詞から感じ取ることができます。「メロスは来ますと答え」と「メロスは来ますとだけ答え」とを比較してみると、助詞「だけ」により一層、セリヌンティウスの強い思いを感じることができます。

「盆土産」（光村２）では、中心人物の少年は父親と別れる間際に、「んだら、さいなら」と言うつもりだったのが、「『えんびフライ』と言ってしまった」とあります。ここでは「てしまう」という補助動詞があるために、少年が「えんびフライ」と言ったことに対して、少々きまりの悪い思いをしていることがわかります。

説明的文章では**「ちょっと立ち止まって」**（光村１）の「遠くから見れば秀麗な富士山も」の助詞「も」に着目すると、富士山の話題は、その前に書かれている話題に付け加えられていることがわかります。

このように、助詞・助動詞・補助動詞はごく短い表現なのですが、文学的文章では、登場人物の心情や状況を解釈する上では重要な働きをしていますし、説明的文章では、文章中に登場する事柄の関係性等を理解するためにも重要な働きをしています。

読み取り方

助詞・助動詞・補助動詞は、短い言葉ですので、特にストーリー展開に関心が行きがちな文学的文章では一読するだけでは読み流してしまう場合があります。教師側が助詞・助動詞・補助動詞を意識付けたうえで、生徒はそれらを見付けながら読むことが効果的です。

代表的な教材

文学的文章 「盆土産」（光村２）
冒頭場面だけでも多くの助動詞・補助動詞が使われ作品に奥行きをもたせています。

説明的文章 「ちょっと立ち止まって」（光村１）
文末に助動詞・補助動詞が多く使われています。

文末表現

効果　小説での文末表現は、文の主体によって大きく二つに分けることができます。一つは、会話文、もう一つは地の文です。

　会話文の文末表現からは、登場人物の心情や登場人物相互の関係を解釈することができます。例えば**「故郷」**（光村・東書3）のルントウの「私」に対する会話文「とんでもないことでございます。」には、「私」に対して恐縮する心情が表れているのと共に、「私」とルントウとの上下関係が示されています。さらに、**「盆土産」**（光村2）のように方言が使われている小説の場合には、人物の人柄を表す効果もあります。一人称視点で書かれている小説の場合は、地の文は中心人物の目に沿って書かれていますので、中心人物の心情や他の登場人物との関係を解釈することができます。三人称視点で書かれている場合には、以上のことに加えて、作者が設定した「語り手」が登場人物や出来事をどのように見ているのかといったことが表れます。

　解釈のための文末表現の効果は、説明的文章にもみることができます。説明的文章には、序論で疑問を挙げ、本論で解明し、結論でまとめと主張を述べるといった三部構成が使われているものが多くあります。文末表現で「〜でしょうか。」などの疑問の形が使われていると、当該の説明的文章で解き明かしたい問いが何かわかるといった効果があります。

- - -

読み取り方　文学的文章では、教材文が何人称の視点で書かれているのかをまず意識します。そのうえで、会話文については、誰が語っているのかを把握して読んでいきます。地の文については事実を述べようとしているのか、判断や説明をしようとしているのかを把握していきます。説明的文章では、「〜でしょうか。」といった序論・本論・結論に区切るために必要な言葉をまず見付けますが、必ず実際に書かれている内容に合わせてみることが必要です。

代表的な教材

文学的文章　▶「盆土産」（光村2）

　方言による文末表現により、教材文に温かさと懐かしさをもたらしています。

- - -

説明的文章　▶「モアイは語る」（光村2）

　疑問の「か」が多用されており、内容を理解しながら段落分けをさせる活動や、それぞれの疑問の答えを見付ける活動ができます。

観点06 修飾語・接続語

効果　「星の花が降るころに」（光村1）には、「私」の行動描写のうち「水を
ぱしゃぱしゃと顔にかけた」といったオノマトペを使った修飾語が複数
登場します。オノマトペが使われていることによって、文章にリズムが生ま
れています。また、「私」の行動の様子が具体的に分かり、心情の解釈も行
うことができます。このように、修飾語が付されていることにより、読み手
は登場人物の行動や様子を描き、心情を解釈していくことができます。説明
的文章を読み取るためにも、接続語は大切な指標となります。「しかし」「だ
が」があれば、これまで述べてきたことと対比的なことが書かれることを予
測することができます。「従って」や「このように」が文の頭に付けられて
いれば、その後は結論に当たることが書かれているのではないかと推測する
ことができます。また、**「『言葉』をもつ鳥、シジュウカラ」**（光村1）では、
筆者の行った実験の順序と結果等が「まず」「そこで」といった接続語の後
に書かれています。接続語を手掛かりにすることで、どんな実験が行われ、
どうなったのかを読み取ることができます。

- -

読み取り方　修飾語や接続語を見付けること自体は難しくありません。修飾語の場
合には、見付けた語の意味を文脈に沿ってできるだけ具体的に考えてみ
ることが大切です。接続語の場合には、見付けた接続語の機能を使って、文
章の読み取りをより確実に行うよう意識することが必要です。ただし、文末
表現の「か」と同じように、接続語も「このように」や「つまり」を見付け
たからといって、性急にその後の文章が結論になっているといった判断をす
ることは適切ではありません。教科書に掲載されている説明的文章には接続
語が多用されているものもありますが、非常に少ないものもあります。接続
語を補ってみるという活動も文章のつながりを考えるためには効果的です。

代表的な教材

文学的文章　「星の花が降るころに」（光村1）

　修飾語が多用されていますので意味を具体化すると作品世界をより豊かに味わえます。

- -

説明的文章　「比喩で広がる言葉の世界」（光村1）

　「このように」が文章のはじめの方に登場します。形式的に接続語を見付けても、文章構
成は判断できないことを学べます。

文体

効果　「大人になれなかった弟たちに……」（光村1）は「僕の弟の名前は、ヒロユキといいます。」という一文から始まります。この小説は終始、敬体で書かれています。

　敬体で書かれているため、語り手が聞き手のそばで自分の体験を話しているような感じがします。また、丁寧な言葉遣いをすることで、聞き手に対する配慮が感じられます。作中に登場する母に対する敬意も感じ取ることができます。

　「少年の日の思い出」（光村・東書1）は、「客は、夕方の散歩から帰って、私の書斎で私のそばに腰掛けていた。」の一文から始まります。この小説は、「大人になれなかった弟たちに……」とは異なり、すべて常体で書かれています。常体で書かれているために、出来事や心情が有り体に伝わってきます。「走れメロス」（光村・東書2）には漢語が多用されています。そのため、メロスが激流を泳ぎ、山賊と戦うシーンからは引き締まった緊張感が伝わってきます。一方「盆土産」（光村2）は和語が多く使われています。物語の時間はゆったり流れるような感じがしますし、郷愁が感じられます。

読み取り方　上で述べたように、敬体で書かれているか、常体で書かれているかによって、読み手の印象は大きく異なります。また、漢語を多用しているか、和語を多用しているかによっても、同様です。常体か敬体かの見分けはすぐにつきますので、なぜ、その文体にしたのかを文章の内容と照らし合わせながら、考えてみるとよいです。漢語が多用されているか、和語が多用されているかは黙読してもわかるのですが、音読してみるとより分かりやすいです。漢語が多用されている方が、テンポが生まれ、硬質な感じとなります。

代表的な教材

文学的文章　「大人になれなかった弟たちに……」（光村1）…敬体

　中学校の国語教科書に所収の文学的文章に敬体で書かれたものはほとんどありません。敬体で書かれていることの意図を考えさせるためにこの教材の学習は貴重な機会となります。

説明的文章　「誰かの代わりに」（光村3）…敬体

　説明的文章の教材も多くが常体で書かれています。本教材が敬体で書かれることのメリットは何か考えてみるとよいでしょう。

観点08 色彩表現

効果　「星の花が降るころに」（光村1）の冒頭の一文には「銀木犀の花は甘い香りで、白く小さな星の形をしている。」と書かれています。読み手には、銀木犀の花の甘い香りと共に、花びらの白さが伝わってきます。ここで登場する「白」には色そのものがもつイメージがあります。「純粋」といったイメージを感じることができます。この場面では、中心人物が友達の「夏美」との友情がいつまでも続くことを信じて疑わなかった気持ちと「白」のもつイメージが重なり合っています。色彩表現の効果として、一つは、小説ができるだけ具体的な映像を伴って読み手に伝わることがあるといえますが、もう一つ、色彩のもつイメージと内容が重なることにより、作品世界に深まりが生まれるということがいえます。

　直接的に色彩がかかれていなくても、登場する小道具の名前から色彩が感じられるものもあります。例えば**「盆土産」**（光村2）では、少年の亡くなった母の墓参りに行く場面には、母の墓前に供える花として「コスモスとききょうの花」が登場します。直接的に何色かはかいていないのですが、読者はコスモスからピンク色、ききょうの花からは青紫色を思い浮かべます。お盆の墓参り用の花を買ってくることができない貧しさと共に、少年の亡くなった母の墓前を賑やかにしたいという家族の思いが伝わってきます。

読み取り方　直接的な色彩表現を見付けるのは難しいことではありません。色彩表現があったら、作品世界の彩りを感じると共に、色彩のイメージを浮かべ、文章の内容に重ねてみます。

　間接的な色彩表現の場合には、描かれた物から意図的に色彩を思い浮かべてみることがまず必要です。そのうえで、直接的な色彩表現の読みと同様に、色彩のイメージを浮かべ、文章の内容に重ねてみます。

代表的な教材
直接的な色彩表現▶「星の花が降るころに」

　この教材文には、上に挙げた冒頭場面のほかにも「白」が登場します。それぞれの意味を考えてみると、「白」のもつイメージが広がります。

　また、冒頭場面での「白」が結末の場面ではどのように描かれているかを読み、その変化の意味を考えることも読みの深まりにつながります。

観点09 情景描写

効果　「少年の日の思い出」（光村・東書1）で、「僕」がチョウを捕りに行ったときの情景は「乾いた荒野の、焼けつくような昼下がり、庭の中の涼しい朝、神秘的な森の外れの夕方」と描かれています。「僕」が一日中いつでもチョウを探し歩いていたことと、様々な場所に出かけたことがわかります。「僕」が夢中になってチョウ集めをしていたことがこれらの情景から伝わってきます。

　情景描写から、場面の時間帯、場所、天候を読み取ることができるのですが、このように、直接的な心情表現をしなくても、読み手に登場人物の心情を読み取らせる効果があります。

　また、「**故郷**」（光村・東書3）の冒頭には「故郷へ近づくにつれて、空模様は怪しくなり、冷たい風がヒューヒュー音を立てて、船の中へ吹き込んできた」とあります。ここでの情景描写は、「私」の寂寥感を表すと共に、教材文の、この後の良くない出来事が起きていく展開の伏線としての役割も果たしています。

- -

読み取り方　文学的文章には、空模様や周辺に存在するものなどが多数描かれています。それらを風景として見てしまうのではなく、登場人物の心情が投影されたものとして意識することが必要になります。「**故郷**」（光村・東書3）冒頭の「冷たい風がヒューヒュー音を立てて、船の中まで吹き込んできた」という描写からは、「私」の気が重い心がよく分かります。文章のストーリー展開と併せて、登場人物の心情を情景描写により一層思い描くことを意識することが大切です。小説の結末では、登場人物の心情や行動が先に描かれていて、情景描写がその後に書かれている場合がありますが、たいていは、情景描写が先になされてから、心情や行動が描かれています。従って、情景描写を解釈するためには、教材文を複数回読むことが必要になります。また、初読の際には情景描写を伏線として意識するという読み方をすることもできます。

代表的な教材

多彩な情景描写　「少年の日の思い出」

　「客」が語り始めるまでの、薄暮から夜にかけての部屋の内と外の情景が具体的に描かれています。また、「僕」がチョウ集めをしているときの情景描写が数多く描かれています。

観点10 時・場所・人物

効果　文学的文章を解釈するにあたり、小説の舞台が「いつ」のことなのか、「どこ」での出来事なのか、「誰」が出てくるのかを把握することははじめに行う最も必要なことです。

　このような時・場所・人物の設定は非常に単純なことです。したがって、生徒はみな初めから意識するだろうと思うと、意外にもそうではありません。時・場所・人物を意識せず、なんとなくストーリー展開を追いかけて読んでしまうことも多いものです。

　そうなってしまうと、教材文を解釈していくにあたっての基となる必要な情報が欠けてしまうので、解釈を深めていくことは難しくなってしまいます。

　反対に、時・場所・人物に関して注意しながら教材文を読み取る活動をはじめのうちにしておけば、生徒は、その次のレベルの学習活動としての教材の解釈に自然に取り掛かることができます。**「少年の日の思い出」**（光村・東書1）は何年間の出来事だったのか、**「走れメロス」**（光村・東書2）は何日間の出来事だったのか、それぞれの出来事が起きたのは何日目のいつなのか、**「故郷」**（光村・東書3）にはどのような人物が登場し、どのような関係なのか、こういったことをできるだけ単元の早い段階で押さえたいです。

- -

読み取り方　登場人物の心情を解釈していくといった、教材文に書かれていないことを考える活動に比べて、時・場所・人物を押さえる活動は、ほぼ教科書に載っている情報を取り出して整理していくものですので、国語が苦手な生徒にとっても取り組みやすい活動です。

　さらに、教材文の多くは、過去の出来事と現在の出来事が交互に書かれていたりするような時間の移動がなされています。時・場所・人物を把握することで、いつのことについて語っているのかを理解することもできます。具体的に時・場所・人物が書かれているところに注目したり、文末表現が現在のことを述べるものになっているか過去のことを述べるものになっているかで判断したりします。

代表的な教材

過去と現在の往復　「握手」（光村3）

　最後の場面が現在になっています。大きくは三つの時が描かれています。

観点11 服装・小道具

効果 　登場人物がどのような服装をしているかは、その人物の設定に大きくかかわってきます。

　「故郷」（光村・東書3）に登場するルントウは、30年前は「小さな毛織りの帽子」をかぶり、「きらきら光る銀の首輪」をはめていますが、現在では「頭には古ぼけた毛織りの帽子」「身には薄手の綿入れ一枚」と描かれ、彼の暮らしの凋落ぶりがよくわかります。**「盆土産」**（光村2）に登場する父親は「真新しいハンチング」を被っています。ハンチングの色は「淡い空色」です。父親が都会に出て、暮らしぶりが良くなっていること、或いは、懸命に都会に馴染もうとしていることが思い描かれます。

　登場人物の持ち物や繰り返し登場するもの、或いは、一回だけ登場するもの等の「小道具」は、登場人物の設定に大きくかかわってくると共に、小説の全体像を形作る要素として大切な働きをしています。

　「盆土産」には父親の土産の「えびフライ」が小道具として登場します。父親の家族を想う心を表し、家族のつながりをもたらす役割を果たしています。

- -

読み取り方 　上に挙げた「故郷」のような登場人物の服装を取り出すことは難しいことではありません。読み手は登場人物の像を描きながらストーリーを追っていきますので、ある程度自然に頭に入ってきます。一読目は像を描くことで良いと思います。再読する際、具体的に解釈すると、どのような物か、なぜその表現が必要だったのかを、人物像や教材文の全体像を解釈する中で意味付けていきます。服装に比べて、小道具の方が読み流してしまうことが多くあります。けれども、文学的文章の中に登場するものはすべて意味のあるものです。

　「盆土産」で少年の友人の「喜作」は「細長い花火の筒を二本、刀のように差して」いる姿で登場します。出稼ぎから帰った父から土産をもらった喜作の喜び、息子を喜ばせたいという父親の思いを読み取ることができます。

代表的な教材

豊富な小道具 ▶ **「盆土産」**（光村2）

　本教材は、小道具がたくさん出てきます。「えびフライ」「河鹿」「囲炉裏」「赤いスクーター」等、登場する小道具を取り出して意味付けしていき発表し合うことで、作品世界を豊かに感じられます。

観点12 呼称

効果

　呼称を解釈するポイントには二通りあります。

　一つは、登場人物同士がお互いをどのように呼び合っているかということです。**「走れメロス」**（光村・東書２）ではディオニス王はメロスのことを終始「おまえ」と呼んでいます。王の方が、地位が高いことがわかるのは勿論のこと、尊大な性格も表れています。一方メロスは王に対しては「王」と呼んでいます。所々、文末表現が敬体になったり常体になったりして揺れますが、メロスはディオニスを、王の立場として認識していることがわかります。ただし、「王様」というように敬称は付けていないので、敬意はもっていないことがわかります。

　二つは、登場人物が自分のことをどのように呼んでいるかということです。**「少年の日の思い出」**（光村・東書１）での「客」は少年時代の回想を「僕」を主語にして語っています。**「大人になれなかった弟たちに……」**（光村１）も然りです。一方、**「故郷」**（光村・東書３）の中心人物は自分自身を「私」と呼んでいます。読み手に取っては、一人称の呼び方によって、人物が自分をどのように認識しているかがわかりますし、その呼称を使うことでどのような人物像を描こうとしたのかを考えることができます。

読み取り方

　登場人物相互の呼称に着目することで、人物同士の関係を読み取ることができます。**「星の花が降るころに」**（光村１）に登場する同級生の「戸部君」は「私」のことを「おまえ」と呼びます。この「おまえ」はディオニス王がメロスを呼ぶときのおまえとは異なります。「中学生になってちゃんと向き合ったことがなかったから気付かなかったけど」等、二人の関係が表れている叙述を併せることで、「私」と「戸部君」とが小学校時代から仲が良かったことを表すものです。呼称に着目したら、その呼称の印象をまず意識すると共に、呼称以外の叙述を併せていくことで、呼称の意味を読み取ることができます。さらに、**「故郷」**（光村・東書３）では、呼称の変化が、互いの関係の変化の典型として表れています。

代表的な教材

多様な人物による多様な呼称　**「故郷」**（光村・東書３）

　呼称に、過去と現在で様々な立場の登場人物同士が互いに対し様々な心情をもっていることがよくわかります。呼称の意味を学ぶのには最適です。

観点13 様子・表情

効果

　「百科事典少女」（東書3）では、「私」と共に放課後の読書休憩室で過ごし、百科事典を読む「Ｒちゃん」の様子について「熱中してくるとＲちゃんのお尻は少しずつ椅子から浮き上がり、それにつれて背もたれの手提げ袋はずり落ちていった」と描かれています。「お尻は少しずつ椅子から浮き上がり」の表現からは、Ｒちゃんがテーブルの上に置いた百科事典の内容にのめり込んでいく姿が伝わってきます。

　「盆土産」（光村2）では少年にえびフライはどんなものか尋ねられた姉は質問に答えた後「黙って自分の鼻の頭でも眺めるような目つき」をしています。弟に聞かれたことに対して自分でもよく知らないことを答えた、きまりが悪く、話題が続くのを避けたいという気持ちがみてとれます。

　直接的に心情がかかれておらず、様子や表情だけが描かれている箇所からは、直接的に心情を説明すること以上に、登場人物の心情を深く、広く解釈することができます。

読み取り方

　登場人物の様子や表情と共に感情が書かれているところではなく、「大人になれなかった弟たちに……」の「ヒロユキ」のなきがらを棺に入れる際の「そのとき、母は初めて泣きました。」のように様子や表情のみが書かれているところを見付けることがまず必要になります。見付けたら、どのような表情であったかより具体的に思い浮かべ、これまでのストーリーの展開を振り返り、なぜ母は泣いたのかといった当該の表情や様子に至る原因を考えていきます。

代表的な教材

謎めいた表情が描かれている教材 ▶ 「辞書に描かれたもの」（東書2）

　登場人物の表情が数多く書き込まれているわけではありませんが、私の友人の「上野」の「母親」が本を読むときの「二重の目はいつも以上に大きく見開かれ、遠い場所を追っていた。」といった描写など、どのような感情なのか深く考えさせる箇所があります。

- -

様子が詳しく書き込まれている教材 ▶ 「百科事典少女」（東書3）

　「Ｒちゃん」を中心に登場人物の様子が詳しく書き込まれていますので登場人物の様子から心情を解釈していく楽しさがあります。

観点14 # 比喩・象徴

効果
　「星の花が降るころに」（光村1）はすでに題名の「星の花」が「銀木犀」の比喩となることをはじめ、比喩表現の多い小説です。「校庭に出ると、毛穴という毛穴から魂がぬるぬると溶け出してしまいそうに暑かった」など、独特の比喩表現に彩られています。比喩表現に浸ることで、文章に描かれた内容をより鮮明に思い浮かべることができます。**「握手」**（光村3）には、「ルロイ修道士」の「右の親指をぴんと立てる」や「両手の人差し指をせわしく交差させる」といったルロイ修道士の心情の象徴となる『指言葉』が数多く登場します。また、ルロイ修道士の元気さを象徴するものとして「わたし」との間で交わされる『握手』が書かれています。**「辞書に描かれたもの」**（東書2）には「私」の友人「上野」の持っている「古語辞典」の描写が、上野や上野の家族の生き方を象徴するものとして数多く登場します。このように象徴の意味を探ることで、人物像や全体像を把握していくことができます。

読み取り方
　比喩表現の場合、「～のようだ」を使った明喩であればすぐに見付けることができます。一方、**「少年の日の思い出」**（光村・東書1）の「僕」が「エーミール」の部屋でクジャクヤママユと出会ったときの「四つの不思議な斑点が、挿絵のよりはずっと美しく、ずっと素晴らしく、僕を見つめた。」のように、「～のようだ」が使われていない場合もあります。その叙述に沿って作品世界を想像すると共に、比喩的な表現を使わないとどのようなことかを考え、なぜ該当の場面で比喩表現を使ったのかという意図を考えてみます。象徴表現の場合は、まず、教材文の中で繰り返し使われている言葉が何かを探ります。「辞書に描かれたもの」の「辞書」のように同じものが繰り返し登場する場合もありますが、「握手」の指言葉のように、変化しながら繰り返し登場するものもあります。

代表的な教材

比喩 ▶ **「星の花が降るころに」**（光村1）
　数多くの個性的な比喩が登場し、豊かに作品世界を描くことができます。また、銀木犀の木陰も「私」と友人「夏美」の関係の比喩になっています。

象徴 ▶ **「握手」**（光村3）
　象徴としての指言葉や握手の意味と現在のルロイ修道士を対比することで、「私」が次第にルロイ修道士の病気に気付いていく仕掛けとなっています。

5. 思考モデルがあることの利点

（1）思考モデルの生かし方

　思考モデルには大きく三つの生かし方があります。

　一つ目は、本時の学習課題を解決するために適切な思考様式を使うためです。

「故郷」を教材として、30年ぶりに再会したルントウの変化を読み取らせたい場合、子どもの頃のルントウと大人になってからのルントウを比べる活動を行います。

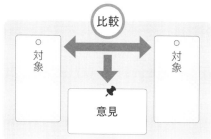

　その際、文章で「子どもの頃のルントウは顔が丸くて…」のように考えを文や文章でまとめさせるよりも、図式化してまとめさせる方が、生徒は、教師の意図した「比較」の思考を使いやすくなります。

　そのときにルントウの顔や身なりといった比較の規準となる「観点」を設定することで、生徒はより正確に比較思考を働かせることができ、より適切な解釈に導くことができます。

　つまり、思考モデルを使うことにより、生徒に働かせることを期待する思考様式を確実に機能させることができるわけです。

　二つ目は、次の課題に対する対応力を付けるためです。

　上述した例では、登場人物の顔や身なりを観点にして、30年前と現在の様子を比較するという思考を働かせています。殊に文学的文章では、登場人物や場面の変化を表すために、同じ観点で括れるものが時間を追って変化するという方法がよくとられています。

　したがって、顔つきや身なりに着目して情報を取り出して変化を比較するといった思考モデルを掴んでおくと、観点を別のものに変えても対応することができます。例えば「故郷」では、「月」が教材文前半と終盤に登場します。

月を観点にして両者を比較することで、中心人物の心情が昔の故郷に対するノスタルジックな思いから、未来の希望へと変化していくことへの解釈につなげることができます。

そして、三つ目は協働的な学びの質の向上です。

国語の授業の中で生徒の解釈を述べ合う際、各自の説明の仕方が異なるため、互いの考えの理解に至りにくいということは往々にしてあることです。それは、それぞれの生徒が、それぞれの思考様式を使い、それぞれの筋道で話しているが故に起きてしまうことです。

このことを解決するためには、それぞれがどのような思考様式を用いているのかを互いが理解し合うことが必要になります。その際、思考モデルが共通認識されていることが大変効果的です。例えば、ルントウの30年前から現在への変化を解釈するために、顔や身なりを取り出して比較するという思考モデルを各自が意識していれば、『「帽子」に着目すると、30年前は『小さな毛織りの帽子』と書かれているのが、現在は『古ぼけた毛織りの帽子』に変化しています。比較すると、『小さな毛織りの帽子』を被っていたルントウが『古ぼけた』毛織りの帽子を被るようになっており、新しい帽子を買えない貧しい状況になっていることがわかります。』や「『銀の首輪』に着目すると、30年前は『銀の首輪』が2回登場するけれど現在は書かれていません。比較すると、『銀の首輪』をはめていられるお金のある状況から『銀の首輪』をはめていられない状況になっているということは、貧しくて首輪を売ってしまったと思います。」など、観点と思考モデルが共通していれば、お互いの考えの内容の理解をし合うことにつながります。

（２）思考モデルの目的化に気を付ける

このように、思考モデルを意識化させることは、その場の課題を解決するために効果的なだけではなく、次に出合う課題を解決するためにも有効であることがわかります。

ただし、同時に意識しておくべきなのは、思考モデルを使うことが授業の目的になってはいけないということです。

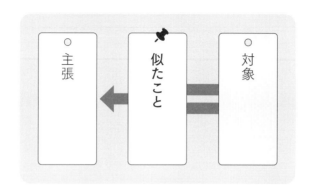

01

類推

（るいすい）

「類推」とは、似ている点をもとにして、他のことを推測することです。

文学的文章で、登場人物の心情を解釈しようとする場合には、いったん、登場人物の状況に自分を重ねます。

その際、登場人物の状況と類似した要素が含まれている体験を思い浮かべます。類似した体験の際に、自分はどう感じたかを思い浮かべて、その気持ちを、登場人物の状況に重ね合わせます。

例えば、「少年の日の思い出」では、チョウ集めに夢中になる「僕」の心情を理解する際には、小学生時代等に夢中になって取り組んだことをまず思い出します。夏休みに、カブトムシを捕まえるために、毎朝早起きをして、近所の雑木林に出かけた体験や、同じ作家の書いた物語のシリーズを全巻読んだ体験、毎日、休み時間にドッジボールをして遊んだ体験など、夢中になったことを思い出します。

そのうえで、自分が夢中になったときの感情を、流行していたので始めたチョウ集めのとりこになるほど夢中になる「僕」の状況に合わせ、「僕」の心情を解釈していきます。いわゆる「同化」する状態です。「同化」すると聞くと、自分をそのまま登場人物に重ね合わせて、登場人物の心情を解釈すると思いがちですが、読者の意識の流れは、登場人物の状況と類似した自分の体験とそのときの感情を想起したうえで、登場人物の心情を推し量っていくという流れになるため、「同化」した状態になるためには「類推」する思考が働いているといえます。

「少年の日の思い出」で例示したものは、登場人物の体験と似通った体験

から類推していくものでしたが、似通った体験がなければ類推できない、というわけではありません。登場人物の体験や状況の本質と似通った体験があれば、類推することは可能です。

読み取り方 生かし方　同じ教材を読んでも、人生経験によって、思い描く登場人物の心情は異なるものです。

　例えば、私自身、「**故郷**」（光村3）を読むと、中学生時代に解釈した「私」の心情と、50歳を超えた今、解釈した「私」の心情とでは共通点もありますが、かなり異なります。

　同年代同士の中学生の生徒にとっても同様のことがいえます。教室には多くの生徒がいます。これまでに経験していることや、そこから思ったことは、生徒一人一人によって異なります。

　同じ教材文を読んでも、生徒によって、解釈しやすい箇所が異なることを生かすことによって、個の学びを生かした協働的な学びを行い、登場人物の心情の解釈を一層豊かなものにすることができます。

　そのために、教材文の一つの場面を生徒に示し、その場面での登場人物の心情を解釈できるところにサイドラインを引かせ、そこで解釈した登場人物の心情をサイドラインの脇に書かせ、その下にカッコを設け、解釈した理由を書かせます。

　個人追究の時間を十分にとり、各自の解釈が一つ以上はできた段階で、協働追究を行います。

代表的な教材

　「類推」思考を働かせていくのは、読者と状況や年齢が近い教材文の方が取り組みやすいです。

　「**シンシュン**」（光村1）や「**星の花が降るころに**」（光村1）、「**飛べかもめ**」（東書1）といった教材文は、いずれも中心人物が、読者である中学生の年代と重なり、現代での出来事を描いているために、感情移入していきやすいです。

　「**大人になれなかった弟たちに…**」（光村1）や「**サンチキ**」（東書1）は、中心人物の年齢は中学生と近いですが、時代等の状況が大きく異なります。このような教材文の場合には、状況設定の違いについて生徒に確実に理解させたうえで、登場人物の心情を類推させていくことが必要となります。

比較
（ひかく）

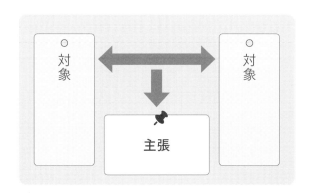

対象 ⇄ 対象

主張

効果

　「比較」とは、対象と対象、それぞれの共通点や相違点を見いだし、観点に沿って順序付けすることです。共通点に着目することを「類比」、相違点に着目することを「対比」といいます。比較するために重要なことは、「観点」を設定することです。例えば、ゾウとキリン。「どちらが大きいか」という問いに対して、「背の高さ」を観点にすると、大きいのは「キリン」、「体重の重さ」を観点にすると、大きいのは「ゾウ」となります。

　文学的文章を読む際に、「比較」思考は大きく二つの点で大変重宝します。

　一つは、構成の理解です。**「故郷」**（光村・東書3）であれば、「はじめ、現状に対して絶望感を抱いていた『私』が『ホンル』や『シュイション』の姿から、未来に対して希望をもつ」というものです。このような変化は、作中に繰り返し登場する「もの」「人」の状態が変わることによって描き出されています。従って、変化する事柄を見付けて、比較することで、人物や様子の変化を解釈することができます。また、一つのものに対するそれぞれの登場人物の認識を比較することで、人物像を掴んでいくことができます。

　二つは、表現です。文学的文章には、その作品ならではの特徴的な表現が使われていることが多くあります。また、副詞や形容詞、比喩なども使われています。何気なく読んでいると読み流してしまうこともあるそれらの表現を解釈するためにも比較思考は効果的です。

　説明的文章の場合も、比較思考を働かせることは効果的です。比較思考を働かせるには二つの方法があります。

　一つは、説明的文章の論理を学ぶものです。説明的文章における説明の仕方には様々ありますが、「比較」思考を働かせた方法で説明しているものも

あります。読み手側がそのことを理解しておくことにより、当該の文章での「比較」の形が見えるように整理をします。そうすることで、書かれている内容を筋道立てて整理して理解することができます。

　もう一つは、書かれていることを比較するというものです。例えば**「モアイは語る」**（光村2）で中心発問「イースター島でモアイ像が作られなくなった原因は何か」を解決するために、補助発問として「ヤシの森が消滅したからか、部族間の抗争があったからか」のように事例同士を比較することにより、解釈を深めていくことができます。

　さらに、文学的文章、説明的文章、双方で文章に対する自分の考えをもたせるために、読み取った内容を自分の経験や価値観と比較することがあります。このことにより、読んだ内容を自分の今後に生かしていくことができます。

**読み取り方
生かし方**
　文学的文章の場合の読み取り方の一つ目は、文章全体を通して繰り返し登場する「もの」「人」を見付け、そのうえで、それぞれの場面での描写を取り出して、比較することです。繰り返し登場するけれども変化がないものもあります。その場合でも、変化しないものの周辺を比較することで、解釈を深めることができます。二つ目は、当該教材に特徴的な表現を見付けたり、修飾語を見付けたりして、その有無による違いや別の言葉に代えたときとの違いを比較することです。ただ、この場合、「特徴的な表現」を見付けるにはある程度センスが必要になります。まず、個人で見付けた後、グループ等を使い、協力して見付けていくと良いです。

　説明的文章の場合は、文章の論理構造として「比較」を用いているかを見極めることと、比較することにより、読みがさらに深まりそうな事例を見付けるとよいでしょう。

代表的な教材

　文学的文章で、一つのものに対する登場人物の認識の違いを比較するために効果的な教材は**「少年の日の思い出」**（光村・東書1）です。「僕」と「エーミール」のちょうに対する扱いを比較することで、二人のチョウ集めに対する考え方の違いがよくわかります。

　説明的文章で、対比的に説明がなされているのは**「オオカミを見る目」**（東書1）**「作られた「物語」を超えて」**（光村3）です。対比されていることを取り出していくことで解釈が進みます。

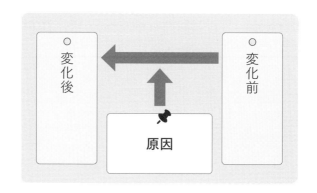

03
因果
(いんが)

変化後
○

変化前
○

原因

効果　文学的文章を読み取る場合でも、説明的文章を読み取るでも、「因果」
思考を意識することは。解釈内容を確かで豊かなものにするために大
変重要です。

　まず文学的文章についてです。文学的文章のうち、「物語」は大まかに言っ
て、「はじめＡであった人物が、ＢによってＣになる」という因果関係で構
成されています。それぞれの場面ごとに、小さな変化と因果のまとまりがあ
り、最も大きな変化を「クライマックス」と呼びます。

　小学校の教科書に載っている物語教材では、変化が大きいものが多いので
すが、中学校の教科書に載っている小説でも、変化がないものはなく、多か
れ、少なかれ、変化があります。

　因果関係を捉えることがなぜ必要かといえば、因果の原因を読み取ること
により、その教材文のテーマを掴むことができるからです。ミステリー小説
であれば、小説のストーリーを追いかけ、展開そのものを楽しみます。こ
の小説は何を言いたいのだろう、と思うことはたいていの場合はないと思い
ます。けれども、教科書に掲載されているような純文学系の小説を読んだ場
合、この小説は結局何を言いたいのだろうと思うことがあります。登場人物
の設定からテーマを感じ取る場合もありますが、変化の原因を一般化すると
いう場合も多くあります。

　例えば、**「走れメロス」**（光村・東書2）は「親友を人質にしたメロスが、様々
な困難を乗り越えて駆け付けたことにより、友を救い、王に信実を証明するこ
とができた」と整理されます。変化の原因は「様々な困難を乗り越えた」こと
ですが、さらに何のために困難を乗り越えたのかを考えると、「信実を証明す

るため」「大切な友人を守るため」といった考えが出ます。そこから、「友情」とか、「信実の大切さ」といった変化の要因を基にしたテーマを仮構することができます。

　続いて説明的文章についてです。説明的文章は、全体として、或いは部分的に「比較」「具体化」「抽象化」といった論理的思考を用いて説明しています。

　したがって、当該の文章がどのような論理的思考を用いて説明しているのかを掴めば、内容も円滑に頭に入ってくることが多いです。

　「因果」は、説明するときの論理的思考のうちの一つです。**「絶滅の意味」**（東書3）では、「日本の奄美大島と徳之島だけにすむ貴重な」アマミクロウサギが「フィリマングースによる捕食」により、「2003年の調査でその数は5000頭」と推定されると因果思考を用いた説明をしています。

- -

読み取り方 生かし方

　文学的文章において「比較」は、文章の中の人やものを取り出して比べるという、読み手側の意識により行っていくものでした。が、「因果」の関係は、もともと基本的な物語の構造として埋め込まれているものです。したがって、文章の中から、「変化の前の状態」「変化の原因」「変化後の状態」を見付けます。三者を見付けたら、主に「変化の原因」に着目し、一般化し、一般化したことがその文章を括るものとして適切かを吟味します。

　説明的文章においては、「因果」以外にも説明の仕方はありますので、まず、当該の文章における説明の方法が「因果」かどうかを見極めます。そのために、事例等の説明内容が、「AがBによりCになった」という形に整理できるか試してみます。

代表的な教材

　文学的文章には、変化が大きく、因果関係を掴みやすい教材と、見える変化は大きくなく、因果関係が掴みにくい教材があります。**「さんちき」**（東書1）のように変化が大きい教材文で教材文を因果関係の形で整理する方法を学び、その次からの小説では、ひんぱんに因果関係の整理を行っていくと**「故郷」**（光村・東書3）のような長い教材文を読むときでも、因果関係の整理ができるようになります。因果思考はどの小説にもありますので、見付ける習慣を付けましょう。

　説明的文章では、**「私のタンポポ研究」**（東書1）**「ハトはなぜ首を振って歩くのか」**（東書2）、**「絶滅の意味」**（東書3）は、因果思考を使い説明されています。説明から変化の前、原因、変化の後を見付けて内容を読み取ることと共に、因果関係を筆者の整理の仕方で良いか検討することも出来ます。

04

定義
（ていぎ）

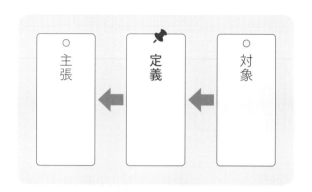

○
主張

定義

○
対象

効果 　ある対象について分析するときに、「きまり」に基づいて結論付けていく思考がこの思考モデルです。

　文学的文章では、主に二つの授業場面でこの思考モデルを使います。

　一つは、小説を読んでいくときの第一歩となる「場面分け」のところです。場面は「時間」「場所」「登場人物」によって構成されています。したがって、基本的には、そのうちのどれかが変化することによって場面が変わったということになります。中学校の教科書教材には、小説の中で、「時間」が行ったり来たりするものが多くありますので、教材文のストーリーを正しく理解するために、「場面分け」は重要です。**「少年の日の思い出」**（光村・東書１）では、最初の「私」と「客」が語らった後は、「客」の回想となります。「時間」「場所」「登場人物」に大きく変化がありますので、回想に移る所で場面の転換があるといえます。回想場面は「僕」が８、９歳のときから始まります。この場面と次の場面との区切りは「時」の変化から判断します。「場所」「登場人物」の変化はあまりありません。次の場面は２年経って「僕」が10、11歳となったときとします。「僕」が「エーミール」の部屋に行き、クジャクヤママユを盗み、結末でちょうを押し潰してしまうまでは、「場所」の変化を見ていくとすっきりと分けることができます。少し「時間」や「場所」が変わったからといって場面が変わったと考えるのではなく、物語に描かれるエピソードのまとまりと関連付けることが必要です。

　二つは、「クライマックス」を決める所です。クライマックスの定義は、何らかの原因により、中心人物に最も大きな変化があったところです。このような定義をよりどころとすることにより、生徒はクライマックスの部分を

見付けることができます。「少年の日の思い出」の場合には、変化の前＝クジャクヤママユを見たいと思う「僕」が、変化の原因＝クジャクヤママユの模様に見つめられたため、変化の後＝盗みを犯してしまう、といった捉えをする生徒がいます。一方、変化の前＝盗みを犯したがエーミールに謝罪に行った「僕」が、変化の原因＝エーミールに冷淡に扱われることで、変化の後＝ちょうを押し潰してしまうといった捉えをする生徒もいます。それぞれ定義に沿って考えているのですが、「最も大きな変化」の認識は生徒によって異なります。したがって、お互いのクライマックスの捉えを説明し合い、検討し合うことにより、解釈を深め、広げ合うことができます。

　説明的文章では、話題を示したり、問いを投げかけたり、結論を述べたりする「序論」、具体的な説明をする「本論」、まとめや筆者の主張を述べる「結論」の定義に沿うことで、三つの構成要素を判別していくことができます。

　文学的文章では、定義に沿って考える際に生ずる互いの「ずれ」を検討し、理解し合うことにより、解釈が深まり、広がります。多くの説明的文章の場合は、定義に沿って考え、書かれた内容の正確な理解へとつなげます。

- -

**読み取り方
生かし方**　　　文学的文章の「場面分け」の場合には、現在読んでいる箇所の「時」「場所」「登場人物」に注意を払うことで読み取っていくことができます。

　説明的文章の「序論・本論・結論」を考える場合は、特に「序論」の役割が説明の仕方によって「話題提示・問題提起・結論」と異なりますので、まず、当該の文章での序論はどの役割なのか教室内で合意形成すると良いでしょう。本論と序論や結論との区切りは述べていることの「抽象度」の違いを考えていくとスムーズに見付けていくことができます。

代表的な教材

　文学的文章で、「クライマックス」の定義を使った学習が効果的なものは「少年の日の思い出」（光村・東書1）、「故郷」（光村・東書3）です。「少年の日の思い出」では、クジャクヤママユを盗む事件、「故郷」ではルントウとの再会といった大きな事件があり、その後結末にちょうを押し潰したり、「希望」という考えが生まれたり、といった中心人物の変化があります。生徒から出される大きな二つのクライマックスについて検討することで解釈が深まり、広がります。

　説明的文章では、「序論・本論・結論」の区切りが分かりやすいものと分かりにくいものがあります。「ダイコンは大きな根？」（光村1）のように区切りが分かりやすいもので基礎を確実に身に付けることが必要です。

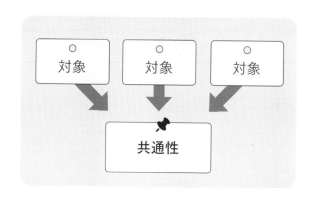

05
帰納
（きのう）

対象 ○　　対象 ○　　対象 ○

共通性

効果　　文学的文章の解釈を進めていく際に、登場人物がどのような設定をされているかを基にすることにより、確かな読み取りを行うことができます。登場人物の設定を捉えるためには、当該の人物の言動を複数集めて、その共通性を導き出すことが効果的です。

　「字のない葉書」（光村・東書2）に登場する「父」は、「『おい、邦子！』」「『ばかやろう！』」「かんしゃくを起こして母や子供たちに手を上げる」といった言動が描かれています。これらの共通性を考えると、「粗暴」という人物像が浮かんできます。

　このように、「帰納」思考は、複数の対象を取り出し、それらの共通性を導いていくというものです。

　「字のない葉書」の父親像は、「粗暴」というだけではありません。

　末の娘が疎開したときには、娘に父親宛の住所を書いたおびただしい量の葉書を持たせます。帰ってくる末の娘に見せるために貴重なカボチャを収穫する子どもたちを叱りません。末の娘が帰って来たときには、肩を抱き、声を上げて泣きます。これらの共通性を考えると、「家族思い」という人物像が浮かんできます。

　言動を複数集めて共通性を導くことで、「粗暴」な面と「家族思い」な面のある父親の人物像を読み取ることができます。人物像を捉える場合、「家族思い」といった一言で語れるほど、人間は単純なものではありません。様々な面が集まって人物像が形成されていることを意識させることが、小説に描かれた人物を確かに捉えるためには必要な構えです。

　その際、一つの言動で当該の人物の人物像の一面を判断することは性急で

す。帰納的な思考を使うことで、確かな根拠をもち、人物像を捉えていくことができます。

　説明的文章では、帰納的な説明の仕方をしている文章の場合に、文章の内容の理解を高めることができます。

　「作られた『物語』を超えて」（光村3）には、ゴリラのドラミングについて説明された箇所があります。群れが出会ったときにそれぞれの群れの代表が行うドラミング、家族に行動を促すドラミング、子ども同士が行うドラミング等の具体を述べて、それらの共通性として、「胸をたたいて自分の気持ちを表したり、相手に誘いかけたりする」ことを導き出しています。説明的文章の内容は、事例、理由づけ、主張の三者の論理的な関係を把握すると大変すっきりして分かりやすく理解することができますが、この場合では、複数の事例を挙げて共通性を導く帰納的な説明をしていることを判断できれば、文章の内容を整理して理解することができます。また、事例として挙げられていることから導き出された共通性に対しての妥当性を吟味するきっかけともなり得ます。

**読み取り方
生かし方**　文学的文章では、登場人物の設定を単純なものとして捉えてしまうと、教材文の解釈の可能性が狭くなります。一つの叙述から、人物像の見当を付け、初めに着目した叙述と共通した内容の書かれている叙述を取り出していくことによって、一つの人物像を仮定することができます。そうしたら、別の観点で括れることにつながる叙述を見付けていきます。

　説明的文章では、事例と事例を基にした筆者の判断の関係を見ていきます。ゴリラのドラミングのように、時間的な変化ではない複数の事例を挙げて共通性から判断を述べている説明の仕方をしている場合には帰納的な説明をしているといえます。

代表的な教材

　文学的文章では、帰納的な思考を使うことで、複数の人物像が見えてくる「走れメロス」（光村・東書2）、「少年の日の思い出」（光村・東書1）のような教材が適しています。

　説明的文章では、「『不便』の価値を見つめなおす」（光村1）の「不便益」の良さと事例との関係を説明している箇所が帰納的な説明の典型となっています。

06

分類
(ぶんるい)

効果

　「分類」するというのは、洗濯した衣服を、靴下は靴下をまとめて引き出しにしまい、ハンカチはハンカチをまとめて引き出しにしまうように、仲間に分けることです。複数の根拠を集めて、共通性を導き出す「帰納」とよく似ています。分類した一つの仲間に対して名付けをする際に、集めたものの共通性を導きますので、大まかに言えば、複数のものを分類するときに、帰納的な思考を働かせているということになります。

　文学的文章では、例えば、表現の効果を学ぶ学習の際、テーマを設定し、観点に沿って叙述を取り出し、それぞれの特徴をまとめていくという活動によって、当該の教材文の表現について理解することができます。

　「星の花が降るころに」（光村1）を読むと、『明るく爽やかな』作品世界を感じることができます。それはどのような表現が使われていることによるのかを探っていきます。

　「色彩表現」に着目して、「明るい」「暗い」に分類していくと、「明るい」では、銀木犀の花びらの「白」が見つかります。掃除をするおばさんの歯は「白」です。また、描かれた物から色彩を感じさせる表現として、銀木犀の葉っぱの「緑」、サッカーボールの「白」が見つかります。また、傾いた陽の色として「オレンジ色」が見つかります。傾いた陽というと、一般には少し暗く寂しい感じがしますが、本教材の場合は「傾いた陽が葉っぱの間からちらちらと差し、半円球の宙にまたたく星みたい」と太陽が輝いている様子が書かれていますので、暗い感じではありません。

　最後の場面で「私」が地面に落とす際の銀木犀の色は「色がすっかりあせている」とありますが、「暗い」色はほかにありません。色彩表現を、明暗

を規準にして分類することによって、教材文を読んだときに感じる雰囲気の素を探ることができます。

　教材文に登場するいわゆる「小道具」に着目して「爽やか」「うっとおしい」に分類していくと「爽やか」さが感じられる言葉として「銀木犀」「星形」「香水」「せっけん」「ポプリ」「ビニール袋」「水」が取り出されます。一方、「うっとおしい」感じがする表現は「毛穴という毛穴から魂がぬるぬると溶け出して」以外はっきりしたものはありません。

　文学的文章では、このように、教材文を読み感じたことの根拠を見付けていく際に、観点を決めて分類していく思考は効果的です。

　説明的文章の場合には、説明の仕方として、分類思考が使われているものを見付けていきます。

　「絶滅の意味」（東書 3）では、「生態系が私たち人間にもたらす恩恵」を人間の生存に「不可欠な基盤」「環境を調整する」「人間生活に重要な資源」「地域文化を形作るのに、大切な役割」の四つに分類して整理しています。

　こうすることで論理の展開に沿って確かな内容把握を行うことができます。

- -

読み取り方生かし方　文学的文章の場合には、**「星の花が降るころに」**（光村・東書 1）で示したように、教材文を読んで感じた「雰囲気」がどこからくるのかを分析していくことを目指す際に効果的です。

　「色彩表現」「オノマトペ」「人物の名前の響き」など着目する叙述を決めて、「明暗」などのような観点を決めて、叙述を分類していきます。

　説明的文章の場合には、説明の仕方として「分類」思考を用いているものをまず教師が見付けて、それぞれの観点に沿って叙述を分類させていくようにします。

代表的な教材

　文学的文章で、読後感の由来を「分類」して見付けていく活動に適しているものとしては、**「盆土産」**（光村 2）や**「故郷」**（光村・東書 3）のように色彩表現や小道具が多く登場する教材が適しています。

　説明的文章では、ダビンチの「最後の晩餐」に描かれている要素を「人物」「光の効果」等の観点で分類している**「君は『最後の晩餐』を知っているか」**（光村 2）が好適です。

07

具体化
（ぐたいか）

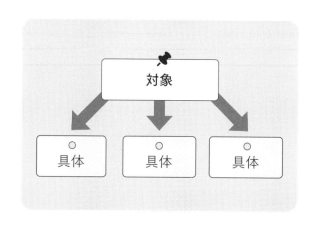

対象

○ 具体　　○ 具体　　○ 具体

効果　　例えば**「星の花が降るころに」**（光村1）の冒頭、白い星形の花びら
が敷き詰められた銀木犀の木の下で「私」の友人「夏美」は「これじゃ
ふめない、これじゃもう動けない」と言います。

　物語では、その後中学校に入った二人の距離が遠くなる様が描かれてい
ます。

　「夏美」の「これじゃふめない、これじゃもう動けない」という言葉に込
められていたものは、物語のその後の伏線や、夏美が二人の関係に無自覚で
はありながら感じていたのかもしれない息苦しさだったといえます。

　このように、小説には、ある言葉に込められている意味は字義通りの意味
だけではなく、その言葉に象徴されているいくつもの具体的なイメージや
メッセージが込められていることが多くあります。

　同様に、**「大人になれなかった弟たちに……」**（光村1）では、「僕」と弟を
連れ母は田舎の親戚の家に引っ越しの相談に行きました。が、親戚からは物
ごいに来られたと思われ、うちに食べ物はないと言われます。その際、母は
子どもたちを連れて帰るのですが、このときの母の顔を「僕」は「あんなに
美しい顔を見たことはありません」と述べています。

　「あんなに美しい顔」に象徴されているのは、「母のプライド」「この先、
子どもを自分が守ろうという決意」等、様々な母の感情です。

　「故郷」（光村・東書3）の「ヤンおばさん」を「私」は「コンパス」と評し
ます。「コンパス」は、ヤンおばさんの風体だけではなく、きりきりしたヤ
ンおばさんの態度をも象徴しているものです。

　このように、短い言葉であっても、そこに内包される具体的な事柄は幾つも読み取ることができます。言葉に込められた意味を具体化していくことで、小説の世界をより豊かに感じることができます。

　次に説明的文章についてです。

　説明は基本的に具体化と抽象化を繰り返しながら行われていきます。

　簡単な例でいえば、序論・本論・結論の関係も、抽象 – 具体 – 抽象の関係となっています。

　従って、説明的文章の解釈をしていこうとする際に、まず、抽象化されている言葉は何を具体化しているのかを確定していくことで、確実に文章の内容を理解していくことができます。

　「**黄金の扇風機**」（東書2）では、序論で「何を美しいと感じるかは、民族や地域や文化によっても、ずいぶん違う」と述べています。

　このことを具体化したものが、筆者がかつてエジプトで目にした「黄金の扇風機」をはじめとした品々です。話はその後、エジプトらしさが次第に失われてきたという方向に展開していくのですが、まず、序論で抽象化された表現があり、それは具体的にどんなことなのかを意識していくことで、文章の確実な理解がなされていきます。

読み取り方生かし方　文学的文章の場合には、一つの言葉と出合った時に、文脈と関連付けたり、「コンパス」のようにその言葉のもつイメージと関連付けたりして、表面の意味だけではなく、奥の意味もあることにも気付かせていくと良いでしょう。

　説明的文章の場合、典型的な述べ方は、序論で抽象的なことを述べ、本論で具体を語っていくものです。序論での抽象と対応する具体は何かを探っていきます。本論の中でも、具体と抽象は繰り返されていきます。抽象的なことと「例えば」で始まる具体とのセットを作っていきます。

代表的な教材

　文学的文章の場合は、「**星の花が降るころに**」（光村1）のように具体化することがさほど難しくないものもありますし、「**辞書に描かれたもの**」（東書2）の「辞書」のように、難しいものもあります。まず分かりやすいもので活動してみてから、難度の高いものにクラスで挑戦してみるのも良いでしょう。

　説明的文章の場合は、「**黄金の扇風機**」のように序論では抽象的なことを述べて、本論で具体が登場するものが、抽象から具体を学ぶのには適しています。

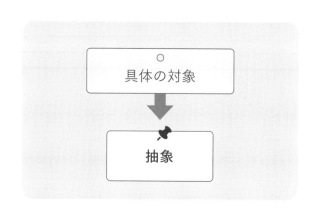

08

抽象化
（ちゅう しょうか）

具体の対象

抽象

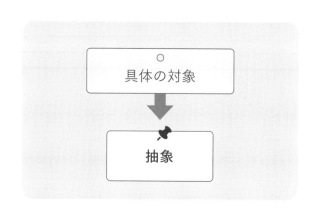

効果 ▶ 　具体的な事柄の抽象度を上げるという思考は「帰納」とよく似ています。

　が、抽象化と帰納は異なります。

　帰納思考の場合は、複数の根拠をもとにその共通性を導いていきます。例えば、**「走れメロス」**（光村・東書2）のディオニス王は自分の身内をはじめ、多くの人を殺すという行動をします。また、メロスに対して「この短刀で何をするつもりであったか。言え！」と乱暴な言葉を使います。さらにメロスの願いを聞いた後、「身代わりの者を磔刑に処してやるのだ。」と思っています。これらの共通性を考えると、ディオニス王は、残忍で乱暴な暴君ということがわかります。

　一方、抽象化は、根拠となる事柄の数は一つでも構いません。「走れメロス」の結末で、約束を守り帰って来たメロスにディオニス王は「信実は決して空虚な妄想ではなかった」と語っています。猜疑心の塊であったディオニス王が改心し、人の正直さを強く感じ取ったことが分かります。ディオニス王の改心が描かれている箇所はこのときだけですが、読者には、彼の心の変化はよく伝わります。従って、根拠となる叙述は幾つもなくても、妥当性の高い判断ができるわけです。

　説明的文章の場合も同様です。例えば**「サハラ砂漠の茶会」**（東書2）には、「音楽」に対する理解を引き合いにして、「人間はみな同じである」と述べている箇所があります。ここで取り上げられている根拠は、ベートーベンやバッハのドイツ音楽を日本人が聴いても理解ができるということのみです。

複数の根拠をもたずに、一つの根拠から言えることを抽象化しています。

「絶滅の意味」（東書3）では、「ラッコ」が、減ったために、ウニや貝類が増え、ウニや貝類の餌となる海藻が激減してしまったという具体を「一種類の生物の絶滅が他の生物の絶滅を連鎖的に引き起こす」と抽象化しています。

また、具体と抽象の関係は、段落単位だけではありません。**「モアイは語る」**（光村2）では、一つの段落の中で、「イースター島にポリネシア人が移住した五世紀頃の土の中から、ヤシの花粉が大量に発見された」という具体を「人類が移住する前のイースター島が、ヤシの森に覆われていたことを示している」と抽象化しています。

文学的文章の場合は、文章に書かれている具体的な事柄を抽象化して解釈することで、具体的に描かれていることの意味を読み取ることができます。

一方、説明的文章の場合には、文章に具体的に書かれていることと抽象化されたことを対応させることで、文章の内容の確実な理解が促されます。

読み取り方
生かし方

「少年の日の思い出」（光村・東書1）で、「僕」が「エーミール」について述べる箇所で「彼の収集は小さく貧弱だったが、こぎれいなのと、手入れの正確な点で、一つの宝石のようなものになっていた」と具体的な表現を「この少年は、非の打ちどころがないという悪徳をもっていた」と抽象化して意味付けています。しかし、具体的な表現を抽象化して意味付けていない場合も多いです。具体的な言動が描かれている場合には、そのことがどのように意味付けられるのかを抽象化してみるとよいです。その対象としては、一つの会話文や行動である場合も多いですが、**「少年の日の思い出」**（光村・東書1）で言えば、「クジャクヤママユ」のような短い言葉についても同様です。説明的文章の場合には、同じ段落内、あるいは、隣接した段落同士が具体−抽象の関係になっているものについて読み取ることはさほど難しくはありません。離れている段落との間で具体−抽象の関係になっている場合も意識できるとよいです。

代表的な教材

文学的文章では、「辞書に描かれたもの」（東書2）が具体的な描写がたくさん描かれています。意味付けは少ないので、抽象化をさせるには好適です。

説明的文章では、本論で書かれた具体を結論で抽象化して述べている「ちょっと立ち止まって」（光村1）で具体的に書かれたことを離れた箇所で抽象化している学習ができます。

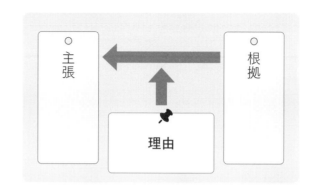

09 論証
（ろんしょう）

効果　　これまで述べてきた 8 つの思考モデルは、いわゆる「概念的思考」
と呼ばれる考え方を示すものです。「比較」思考でしたら、複数のもの
を比べる考え方ですし、「分類」思考でしたら、仲間分けしていく考え方です。

それらに比べて、ここで挙げた「論証」は性質が異なります。

かつて、井上（1998）は、論的思考を以下の三つに大別しました。

  (1)　形式論理学の諸規則にかなった推理のこと（狭義）

  (2)　筋道の通った思考，つまりある文章や話が論証の形式（前提－結論
     または主張－理由・根拠という骨組み）を整えていること

  (3)　直感やイメージによる思考に対して，分析，総合，比較，関係づけ
     などの概念的思考一般のこと（広義）

「思考力育成への方略─メタ認知・自己学習・言語論理─」井上尚美 1998 明治図書

「比較」や「分類」などの 8 つの思考モデルは、直感やイメージと対比さ
れる概念的思考、つまり、「思考」そのものにあたり、「論証」は、「筋道の通っ
た思考」、つまり「思考の流れ」と言えます。

本書では、「論証」のうち、「根拠－理由－主張」の流れについて扱います
が、8 つの思考モデルは、論証の三つの要素のうちの「理由」に該当するも
のです。

「根拠；ゾウとキリンがいる」「理由；重さの観点で両者を比べるとゾウの
方が重いので」「主張；ゾウの方が大きい（但し、重さに関して）」というつ
ながりになります。図示すると次のようになります。

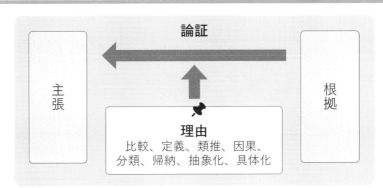

　説明的文章は基本的に根拠を挙げて、理由を示して主張を展開するという形で書かれています。この三者は、いわゆる具体例の説明を述べるときにも使われますし、大まかに説明的文章全体でも使われます。この三者の関係を把握することで、説明されている内容の確実な理解をすることができます。同時に、三者の関係に着目することによって、当該の説明的文章で述べていることが客観的に見て妥当なものかを判断することができます。

**読み取り方
生かし方**　「根拠」は事例などの出来事のことです。「主張」はその「根拠から何が言えるか」ということ、「理由」は、「根拠」と「主張」とをつなぐ考えのことです。こういった役割に基づくと、**「ちょっと立ち止まって」**（光村1）では「一枚の絵が若い女性の絵にも見えるし、どくろを描いた絵にも見える」という根拠をもとに、「見方によって見えてくるものが全然違う」という「抽象化」を働かせた理由により「物を見るときにはほかの見方を試し、新しい発見の喜びを味わう」という主張を読み取ることができます。

　説明的文章を読むときには、根拠と主張がどのような思考モデルを使って説明されているのか吟味することで文章の説得力を判断することができます。

代表的な教材

　「ハトはなぜ首をふって歩くのか」（東書2）は、根拠となる実験事例と主張が主に「因果」思考を用いた理由付けを用いて説明されています。

7. 文学的文章を読み取るための観点×思考モデル

観点		思考モデル
言動・様子	×	類推

効果　　　多くの説明的文章は、文章そのものが思考モデルを使った論証スタイルで書かれています。

したがって、粗くいえば、説明的文章の読み取りの基本は、文章の中にあらかじめ書かれている論理を読みとっていくこととなります。

一方、文学的文章の場合は、思考モデルが文章の中で展開されているというわけではありません。

教材文中で展開される幾つかのエピソードを、思考モデルを使い、読み解いていくことになります。図示すると次のようになります。

文学的文章を読み解いていく際の最もベースとなる思考モデルは、中でも「類推」です。

　文学的文章を読み解く際に使う言葉で言えば、登場人物の言動を間接的に自分の経験と重ね、そのうえで、登場人物に自分を重ねていく「同化」です。

　登場人物の言動に対して自分が共感できるか否かは別にして、まずは、人物の心情に同化していきます。

　こうすることで、自分では直接経験することのできないことを登場人物の身を借りて経験できたり、行為に対してこれまで自分では意識することのなかった感情を知ることができたりすることができます。

- -

読み取り方　　心情の直接表現が乏しく、行動や感情の書きこまれていない会話文、あるいは、登場人物の様子が描かれているテキストにおいては、「同化」思考を行い、教材文の世界を拡げていくのには適しています。

　例えば、**「星の花が降るころに」**（光村1）で、仲直りしようとした「夏美」に無視をされた「私」は、放課後、下駄箱で「のろのろと靴を履きかえ」ます。「のろのろと」といった行動描写には、親友を失った「私」の無気力さが表れています。

　中心人物以外の人物の言動からも、その人物の心情に同化していくことができます。が、その場合には、誰の視点から書かれているかに気を付けることが必要です。

　例えば**「少年の日の思い出」**（光村・東書1）では、クジャクヤママユを盗み壊した「僕」の謝罪に対する「エーミール」の姿は「冷淡に構え、依然僕をただ軽蔑的に見つめていた」と描かれています。エーミールに対して元々良い感情をもっていなかった僕にとっては軽蔑的に見つめていたと見えたかもしれませんが、エーミールは、大切に扱っていたちょうを壊されたことで悲しみでいっぱいだったのかも知れません。

代表的な教材

　読者と年齢や状況が近い教材文で同化思考を働かせることの楽しさを感じたら、**「百科事典少女」**（東書3）の「紳士おじさん」のように年代が違い、直接的な心情表現の乏しい脇役の人物に同化していくとさらに読みを深め、広げられます。

効果

　文学的文章には、同じものが繰り返し出てくることが多くあります。同じものが変化することによって、作品世界を創っています。また、同じものが変化しない場合もあります。その場合は、同じものにまつわるものが変化しています。そうすることによって、作品世界を創っています。

　そういった「反復表現」の変化に着目し、比較することによって、文章で描かれていることを具体的に解釈することができます。

　ここでは、まず、「変化する反復表現を比較すること」について述べます。

　変化する反復表現は文学的文章の中では数多く使われています。

　変化する反復表現を比較することで、状況が読者に鮮明に伝わり、心情の解釈を確かに、豊かに行っていくことができます。

　「少年の日の思い出」（光村・東書1）のクジャクヤママユの描写を取り上げてみます。

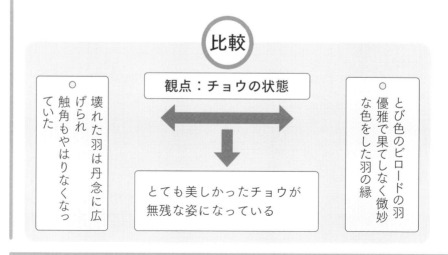

　比較のための観点を「チョウの状態」として、謝罪のために「エーミール」の部屋を訪れた「僕」が、チョウを見て、どのような心情になったのかを解釈させるところです。

　まず「変化する前の反復表現」として「僕」が「エーミール」の部屋に忍び込んだときに見たクジャクヤママユの状態を取り出します。「とび色のビロードの羽」「優雅で果てしなく微妙な色をした羽の縁」といった表現を取り出すことができます。それらには、美しさを表す修飾語が使われています。次いで謝罪のために「エーミール」の部屋を訪れた時に「僕」が見たクジャクヤママユの状態を取り出します。「壊れた羽は丹念に広げられ」「触角もやはりなくなっていた」には、美しさを表す表現は当然使われていません。

　そして、両者を比較します。すると、「とても美しかったチョウが無残な姿になっている」などの考えが出されます。

　そのうえで、「僕」の心情を解釈させます。すると「あれほど美しかったものを無残な姿にしてしまった自分に対する自責の思い」や「美しかったチョウが台なしになってしまって残念」「壊れた羽を丹念に直そうとしているエーミールに対する申し訳なさ」等が考えられます。

　「エーミール」の部屋に行った「僕」はチョウを見てどのように思ったのでしょうかという問いに対して、変化する反復表現であるクジャクヤママユの状態を取り出して比較することで、言葉の意味を具体的に想起しながら、「自責」「罪悪感」といった思考を呼び込むことができるのです。

　また、ここでは、変化する反復表現の比較を行って考えをもち、更に、その際もった考えを「理由」として、「僕」の心情を解釈した主張を導いています。変化する反復表現を比較して考えたことが主張になる場合もありますし、その主張を、さらに高次の課題に対する理由として使うことも出来るということです。

代表的な教材

　「字のない葉書」（光村・東書2）では、疎開する末の娘に父親が葉書を渡し、「元気な日はマルを書いて」ポストに入れるように伝えます。

　末の妹は、初めは「紙いっぱいはみ出すほどの、威勢のいい赤鉛筆の大マル」を書きましたが、次第に変化していきます。マルの変化を比較していくことで、妹の心情を解釈でき、また、父親の心情も考えることができます。

効果　　文学的文章の反復表現には、変化しないものも数多く登場します。
変化しない反復表現を使っても、登場人物の心情を解釈していくことができます。

その際に、着目するのは、変化しない反復表現の「周辺の言葉」です。

「盆土産」（光村2）で、父親は真新しい「ハンチング」を被って帰ってきます。そして、父親は、同じハンチングを被って、再び出稼ぎに出かけます。

帰郷したときには、父親は、ハンチングの「ひさしを上げ」て、帰宅します。

一方で、翌日の夕方、出稼ぎに行くためにバスに乗り込む際には、父親はハンチングを「上から押さえ」ています。

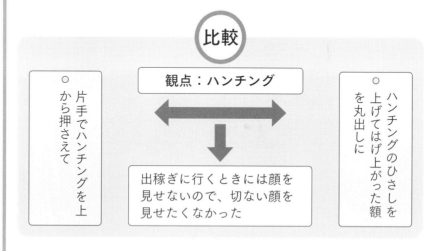

両者を比較して、父親の心情の変化を解釈することができます。

実家に帰って来た父親は、ハンチングを村にいる頃からのあみだかぶりをして、顔が良く見える状態です。けれども、バスの男車掌に、乗車を催促さ

れると、ハンチングを押さえてバスの中へ駆け込んでいくわけですから、少年には父親の表情は伺えません。帰郷したときと、再び出稼ぎに行くときを比較すると、父親の顔がよく見えるか否かという違いが見えてきます。

そこで、帰郷したときには顔を良く見せて、出稼ぎに出かけるときには顔を見せないのはなぜかを考えます。すると、「帰郷したときには、これまで村にいたととき被っていた帽子の被り方をしているので、リラックスしている」「帰郷したときには、久しぶりに会う家族に顔をしっかりと見せたいと思っている」といった解釈ができます。

一方で、再び出稼ぎに出かけるときには、「顔を見せたくないのは、父親も寂しい顔をしているから」「父親が寂しい顔をしているのを息子に見せて心配をさせたくないから」といった解釈ができます。

「盆土産」（光村 2）では変化しない反復表現であるハンチングが登場したのは 2 回でしたが、教材文全体を通して、変化しない反復表現が描かれている教材もあります。

「辞書に描かれたもの」（東書 2）には「私」の小学校以来の友人の「上野」が持っている、母親からもらった辞書が登場します。

「私」は、「上野」の持っている辞書に強い関心を抱いていきます。

「上野」の辞書に対する描写は、はじめは「四隅がぼろぼろで、ページも手あかで黒ずんでいた」等となされています。けれども、辞書を見る「上野」の目は「らんらんと」輝いています。真新しい辞書を買ってもらった「私」は苛立ちを覚えます。それが、結末の場面では、「細く白いいくつもの手が辞書を目指し、あるいはそのはるか向こう側へ向かって伸ばされ、互いを支え合うようにして幾重もの層を成して」いたという形容がされています。

両者を比較すると、「上野」の辞書に対して、やや蔑視していた「私」が、「上野」の母子の温かなつながりを感じ取っていったことが分かります。

代表的な教材

教材文全体を通して変化しない反復表現が登場するものとしては「百科事典少女」（東書 3）があります。

「百科事典」そのものに変化はないのですが、それをめぐる人物に変化があり、百科事典に書かれている内容にも変化があります。

観点　　　　　　　　　　　　　　　　　　　　　思考モデル

比較

修飾語　×　対象　←→　対象

主張

効果　　文学的文章には、たくさんの言葉がちりばめられ、物語の核となる
ストーリーが展開していきます。ストーリーを追っていると、読み手
の関心は、先へ先へと向かいます。そうなると、一つ一つの言葉に立ち止ま
るという意識はどうしても薄れてしまいます。一方で、読み終わった後に抱
く感想は、ストーリー展開に由来するものばかりではなく、読み手の自覚は
なくても、教材文にちりばめられた数々の描写からも少なからず影響を受け
ているものです。したがって、ストーリー展開に身を委ねつつも、自覚的に
描写を味わうことにより、読み手の作品世界は一層の深まりと広がりをもつ
ことが期待されます。

　「描写を味わう」には、具体的にどこに目を付けて、どのように考えると
よいのかを知る必要があります。

　そのための方法の一つが、「修飾語×比較」です。ここで挙げる修飾語は
オノマトペといった副詞や形容詞のことです。それらの修飾語を見付けるこ
とは、まったく難しいことではありません。

　「さんちき」（東京書籍1）では、中心人物の「三吉」は、初めて祇園祭の鉾
の車輪の支え木である矢の一本の製作を任されます。三吉は、記念に自分の
作った矢に「のみ」で名前を彫ろうとします。堅いカシの木を前に、彫り間
違うことのできない状況の中、三吉が張り詰めた気持ちで取り組む姿は、「鼻
の頭に、ぷつぷつと汗がふき出す」と形容されています。「汗がふき出す」
だけでも、三吉の緊張感は伝わってきますが、オノマトペの「ぷつぷつと」
とついていることによって、強い緊張感が伝わってきます。同時に、三吉が
真剣に彫っている姿も想像することができます。

　このように、修飾語に着目することにより教材文の解釈が深まる効果は大
きいのですが、修飾語に着目するだけでは、解釈を進めることは難しいもの

です。そこで、注目した「修飾語がない場合」との「比較」思考を使います。

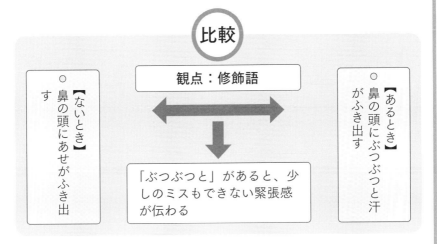

「あせがふき出す」だと、汗がどんどん出てくる状態が想像できるけれども、「ぷつぷつと」が書かれていると、一粒一粒汗が浮き出てくる状態が想像できる。ミスが許されない状況の中、のみの操作に神経を集中している様子が伝わる、といった解釈を行うことができます。

対象となる修飾語がない場合との「比較」をすることによって、対象となる修飾語の意味が浮き彫りになってきます。このような思考法は、生徒が説明するときの助けにもなります。夜中に矢に自分の名前を彫る三吉の心情はどのようなものだっただろうかという問いに対しての説明はなかなか難しいものです。が、対象となる修飾語の有無の比較を使うことで、円滑に行うことができます。

この方法と類似したものとして、別の言葉に変えた修飾語と元の修飾語の意味を比較するという方法もあります。「ぷつぷつと汗がふき出す」の「ぷつぷつを」を「じっとりと」に変えます。「ぷつぷつと」の方が汗の一粒一粒が表現されていることが分かり、緊張感のある時間経過が感じられます。

代表的な教材

「大人になれなかった弟たちに……」（光村 1）「小さな小さな」等の反復表現を使った修飾語が多用されています。修飾語を抜き取ったり、別の言葉に変えたりする他、「小さな小さな」を「小さな」に変えて元の言葉と比較するといった活動を行うことで、解釈を深めることができます。

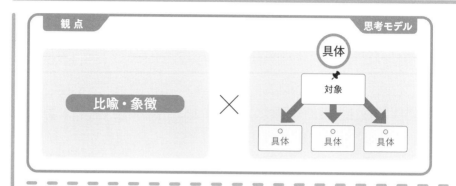

効果

　文学的文章には、比喩表現が多く使われています。

　「盆土産」（光村2）では、少年が帰郷した父親の土産の冷凍えびフライが入った紙袋を開ける場面で初めて見るドライアイスに驚く様子が比喩表現を使い描かれています。

　「ぶっかき氷にしては不透明で白すぎる、なにやら砂糖菓子のような塊」や「中から、もうもうと湯気のようなものが噴き出てきたのだ」、「囲炉裏の灰の中から掘り出したばかりの焼き栗をせっかちにつまんだときのように、指先がひりっとして」からは、少年が、未知のものに出合い、これまで自分が遭遇したものと関連付けて形容しようとしている態度が伝わってきます。

　また、読み手にとっては、そういった少年の新奇なものに対する驚きを感じるとともに、直喩によってドライアイスの様子が具体的に想像されます。

　思考モデルを当てはめると以下のようになります。

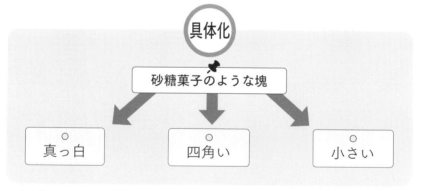

　「砂糖菓子のような塊」というたとえから、色は「真っ白」、形は「四角い」、そして、大きさは「小さい」といった具体的な姿がさらに連想されます。

　比喩表現が添えられた描写について、意識的に該当の比喩表現が意味する

ものを具体的に思い描いていくことで、描写をより豊かに読み取ることができます。

　同じく**「盆土産」**（光村2）には「えびフライ」「えんびフライ」が数多く登場します。

　具体的な叙述を入れて思考モデルに表すと以下のようになります。

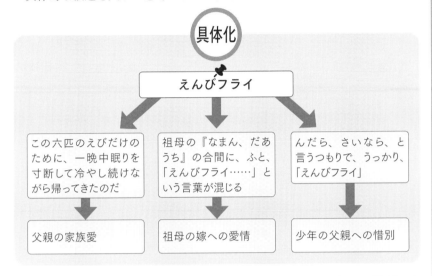

　「えんびフライ」が、父親の家族に対する愛情、少年の父親への惜別、亡くなった少年の母親への愛情、といった互いを思い合う家族の温かな気持ちの象徴であることが見えてきます。

　象徴となっている表現は、その言葉が登場する具体的な場面を取り出して、そこでのその表現の役割を考えていくことで、その表現が何を象徴しているのかを判断していくことができます。

　象徴ではないかと目を付けた表現が登場する複数の箇所を見付けて分析していくことが妥当性の高い判断につながります。

代表的な教材

　「百科事典少女」（東書3）には、例えば「私はRちゃんの声が好きだった。それは小ぬか雨のように…」といったさまざまな個性的な比喩表現が登場します。また「百科事典」が繰り返し登場します。百科事典は、何を象徴するものか、読み解き甲斐があります。

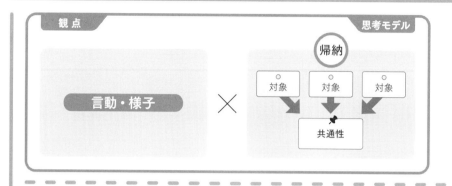

効果　　　登場人物の人物設定を分析していくためは、一つの会話文や、行動、あるいは様子だけよりも、複数の会話文や、行動、様子を集めて、それらの共通性から結論付ける方が、妥当性が高くなります。

　「辞書に描かれたもの」（東書2）の「上野」の言動や様子を集め共通性を導き出す思考モデルは次のようになります。

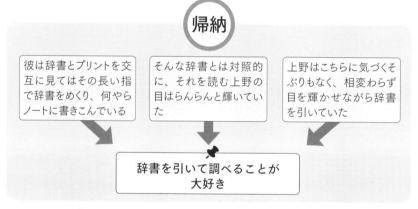

　ここには、「上野」の辞書を引いて調べることに対する思いは一つも書かれてはいません。

　しかし、「彼は辞書とプリントを交互に見てはその長い指で辞書をめくり、何やらノートに書きこんでいる」をはじめとした、「上野」が辞書を読む際の行動描写からは、辞書を引くことに熱中し、辞書を引いて調べることが大好きな姿を読み取ることができます。

　教材文では、登場する視点人物以外の人物の心情が直接書き込まれているものは多くありません。したがって、言動や様子を複数集めて人物設定などを考えていくことは、視点人物以外の人物の設定を捉えていくために効果的

です。

　また、一人の人物について特定の傾向を集めて一つに結論付けることもできますが、設定したそれぞれの観点に沿った言動や様子を集めて多面性を見いだしていくこともできます。

　「さんちき」（東書1）には、「三吉」の「親方」が登場します。「親方」の人物設定は多面的に捉えることができます。以下の思考モデルからは、「親方」の短気な性格を読み取ることができます。

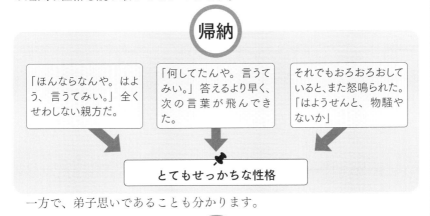

一方で、弟子思いであることも分かります。

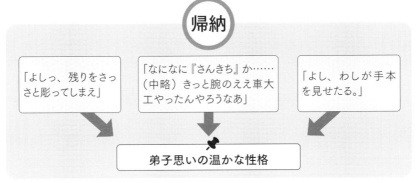

　複数の思考モデルを作って根拠を集めていくことで、せっかちで弟子思いであることが分かります。

代表的な教材

　「卒業ホームラン」（東書2）では複数の観点で思考モデルを作ることで中心人物の娘「典子」の設定を読み解いていくことができます。

第 2 章

思考モデル×観点で論理的に読む授業づくりのポイント

1. 14の観点と9の思考モデルを活用した授業展開の基本

（1）本時の追究の目的を共有化する

　教材文を読み取るための観点をもち、思考を働かせながら追究を深めていく授業展開の土台については二つのポイントがあります。

　一つ目は、授業の導入段階で、本時全体を覆う、追究の目的を共有化することです。

　追究の目的が定まり、共有化されることによって、生徒は、課題を解決するための見通しをもち、課題に取り組み、解決の満足感をおぼえることで、次の課題解決への意欲をもちます。

　小学校の国語の授業ではあまり見られませんが、中学校や高等学校の授業では、1時間の学習全体を覆うめあてが設定されずに、一つの課題が解決したら、次の課題を行い、それが解決したら、次の課題というような展開のものが見られます。

　例えば、「故郷」を教材文とした授業の前半で30年前のルントウと現在のルントウの違いについて学び、それが終わったら、ヤンおばさんの人物像について扱うというような展開です。

　このように次から次へと課題をこなす展開だと、生徒にとっては終わりが見えず、非常にストレスが溜まります。

　生徒が霧の中を歩いているようなこのような授業ではなく、意欲的に、集中して取り組むためには、授業の導入場面で、本時の課題をクラス全体で確認し、共有することが必要となります。

　「故郷」の登場人物を取り出したうえで、それぞれどのような設定がなされているだろうかといった学習課題をはじめに示し、その活動の一つとしてルントウの過去と現在の比較をしたり、ヤンおばさんの過去と現在の比較をしたりするといったように、本時を覆う学習課題を授業冒頭で共有することが生徒の追究の意欲を継続させるために必要です。

　二つ目は、「観点と思考モデル」の使用を「目的」とせず、教材文を読み取るための「手段」として意識することです。

　「故郷」で本時における教材文の読み取りの目的を「登場人物それぞれの

人物像をつかもう」とし、目的を達成するための方法として、観点を「登場人物の過去と現在の姿」思考モデルを「比較」とします。

　生徒が本時を経て、次の学習の機会や、読書の機会において自分の力で働かせることを期待する読みの力は「登場人物の過去と現在の姿に着目し比較する」ことです。こうすることにより、中学校3年の指導事項である「文章にあらわれているものの見方や考え方」を読み取ることができます。

　そう考えると「故郷」の「登場人物それぞれの人物像をつかむ」活動を通して、「登場人物の過去と現在の姿に着目し比較する」力を付けることを目的とした方が適切のような気がします。

　また、この授業の指導事項をルントウやヤンおばさんの姿から、「文章にあらわれているものの見方や考え方」を読み取ることだとすると、「故郷」のルントウやヤンおばさんの姿を通したものの見方や考え方として、状況によって人間の心は荒んでいくということをつかめたとしても、それは「故郷」に限ることです。別の教材文では、また異なったものの見方や考え方が描かれています。指導事項で示されている内容の具体は教材文によって異なりますので、一般化され、読みの力として活用できる「登場人物の過去と現在の姿に着目し比較する」力を付けることを目的として、「登場人物の過去と現在の姿に着目し比較する」ことを方法とした方が良いような気がします。

　しかし、それではあまりに味気ない国語の授業となるでしょう。

　「読むこと」領域の単元は数時間続きます。その間、生徒の追究への意欲を高めていくためには、単元を通した追究課題を設定し、毎時間の授業はその課題を解決していくためのプロセスとしていくことが適切です。そうすることによって、生徒の問題解決能力の育成へとつなげることが可能です。

　教材文の読み取りを目的とした学習課題を設定し、観点と思考モデルは、学習課題を解決していくための方法として意識化させることが自然です。

　「今日の授業では、ルントウやヤンおばさんの人物像がよく分かった。それは、二人の過去と現在の姿を比較したからだ。」という思いを生徒がもつことで、課題解決に働かせた方法の良さが実感され、別の場面でも使ってみようという意識につながっていきます。

（２）観点と思考モデルを示す

　教材文の読み取りを目的とした学習課題を設定したら、学習課題を解決するための観点と思考モデルを設定します。

　「『故郷』の登場人物は、それぞれどのような設定がされているだろうか」という学習課題を示し、ルントウ、ヤンおばさん、「私」「母」などの登場人物を挙げさせ、各自で選んだ登場人物について分析させる、あるいは、同じ登場人物を選んだ生徒同士を集めてグループをつくり、分析させていくという授業は多くあります。

　これらの方法はそれぞれ大きな問題点があります。

　まず、学習課題を共有させた後、登場人物の確認をして、各自で分析させていく授業についてです。

　課題を示してすぐ個人追究に入る授業の場合、国語が得意な生徒や、当該の教材文との相性が良い生徒の鉛筆はすらすら動いていきます。また、その生徒たちが協働追究でも活躍することで、授業は流れていきます。

　けれども、個人追究の際、考えをもてずにいた生徒は、協働追究で考えの結果を聞いたとしてもそれは知識を得るだけのものとなり、文章を読む力を付けることには課題が残ります。

　続いて、グループで追究するタイプの授業です。

　教室には生徒たちの声が満ち、活発な追究が展開され、楽しく、力が付く授業といった雰囲気になります。

　けれども、各グループの発言者をよく見てみると、全員が積極的に発言をしているという姿はごく稀です。多くは話し合いをリードする生徒が1、2名いて彼らの考えがそのグループの考えの中核となります。一方、話し合いに参加できない、あるいは途中からついていけなくなる生徒も多く存在します。彼らにとっては、やはり当該の授業で得るものは知識だけであり、文章を読む力を付けることは難しいです。

　個人に考えをもたせ、その後、協働追究で各自の考えが重なり、追究が深まっていくためには、個人に考えのもたせ方を示す必要があります。

　それが、観点と思考モデルを示すということです。

　学習課題を設定した後、すぐに個人追究に入るのではなく、観点と思考モ

デルを共有化した後に、個人追究に入ります。

　「『故郷』の登場人物は、それぞれどのような設定がされているだろうか」という学習課題を設定したら、「登場人物の過去と現在の姿に着目し比較する」という観点と思考モデルを共有化させてから個人追究に入ります。

　そうすることで、どこから手を付けてよいかわからない生徒は、課題解決に向けた取り付く島を得ることになりますし、全員が共通して使っていくことで、本時に獲得させたい観点と思考モデルを確実に獲得させていくことにつながります。

（3）振り返りで意識化する

　生徒は、個人追究で観点と思考モデルを使い自分なりの意見をつくります。

　その後、ペア等少人数の協働追究を行い、各自の考えを交流し合い、認め合います。そうすることで自信をもたせ、全体追究で様々な意見を交差させた後、まとめとしてもう一度自分の考えをもたせます。

　そして、振り返りを行います。

　ここでの振り返りの観点は三つです。

　一つは学習課題の解決に関するもの、つまり「何がわかったか」「何ができたか」といった内容です。「今日の授業ではそれぞれの登場人物の設定がわかった」といった内容になります。学習課題が確実に共有され、学習課題の解決がなされていればこの振り返りは多くの生徒ができます。

　二つは観点と思考モデルの良さに関するものです。生徒に「どう考えたらできましたか」といったことを尋ねます。授業の中で、観点と思考モデルを意識して活動していなければこの振り返りで生徒は何も述べることができません。

　三つは仲間との学びの振り返りです。誰のどんな考えが参考になったかを振り返ります。

２．14の観点と９の思考モデルを活用した個別最適な単元デザイン

（１）複数の観点と思考モデルを選択して使用する

　観点と思考モデルが既習のものとしてなければ、共通の観点と思考モデルを使用していくことが必要になります。生徒が課題解決のための観点や思考モデルを複数もち合わせていれば、個別最適な学びの点からいえば観点と思考モデルを生徒に選択させていくことが望ましいです。もちろん、クラス全体が同じ観点と思考モデルを使っていても、各自の考える内容には各自の個性が表れますので個別最適な学びといえますが、課題に対する解決方法を自分で選択して使える方が、課題解決力の育成や、学習意欲の高まり、考えた内容の充実度といった点からより望ましいです。では、実際の授業・単元ではどのようにしたら複数の観点と思考モデルを選択使用できるようになるのでしょうか。

　以下にそのための方法を示します。

（２）個人追究の前に複数の観点と思考モデルを共有する

　学習課題を共有した後、個人追究に入る前に、課題解決のための観点と思考モデルを共有します。そのためには大きく二つの方法があります。

　一つは教師から複数の観点と思考モデルを提示するものです。

　登場人物の行動に着目する、会話文に着目するといったような複数の観点を示し、比較する、同化する、帰納するといった思考モデルを示し、生徒はやってみたいものを使うといった方法です。その際、本書で示しているような図式化した観点と思考モデルを提示することは二つの点で効果的です。

　一つは図式化することによって、どのような叙述を取り出して、どのような考え方を使っていけばよいかのイメージがしやすくなります。

　もう一つは、個人追究の後の協働追究でお互いの考えの内容を理解しやすいということです。考えの内容は異なっていても、図式化したものが共通だと、思考の流れはお互いに理解できますので、内容についての比較がしやすくなります。

なお、活動内容が多い授業や、生徒にとってはなじみのない観点と思考モデルを使う場合には、教師が示すことが必要になりますが、観点と思考モデルを共有する前には、まず「どこに目を付けたらよいか」「どう考えたらよいか」を生徒に尋ねます。観点と思考モデルを考えさせることが課題解決力を付けるため、また、個別最適な学びにつなげるために大切です。

（3）個人追究・協働追究の姿を取り上げる

　二つ目は、個人追究の中でみられた観点と思考モデルを取り上げて共有することです。導入で観点と思考モデルを共有しても、個人追究の中ですべての生徒がそれを使って意見をすぐにもてるわけはありません。個人追究の中で、早く考えがもてた生徒に全体に向けて考えを紹介させると、考え方のイメージがもてます。その際、大きな観点は共有されていても具体的な観点までが導入段階で鮮明になっていない場合には、発表させることで個別の観点を意識することにつながります。例えば登場人物の「姿」に着目するということを全体で共有した後、「服装」に着目した生徒の発言を取り上げると、ある生徒は同様に「服装」に着目しますが、ある生徒は「服装」をヒントにして「顔つき」に着目するといった動きにつながります。

　協働追究では、考え方（観点）を顕在化することが大切です。「あなたは服装に目を付けたのですね。」と教師が確認する場合もありますが、生徒に「Aさんはどんなところに目を付けたのでしょう」と聞くことも、各自がその後働かせる見方の広がりにつながります。

（4）単元・1年・3年間を通した計画的な指導を行う

　単元内で毎時間異なる観点と思考モデルを働かせ、蓄積し、例えばクライマックス場面等の読み取りに蓄積した中から選択して使用させるという方法があります。同様なことは年間を通して意図することも可能ですし、3年間を長く見渡して意図することもできます。

チョウを押し潰した僕の思いを話し合おう

● 特に押さえたい観点

- 視　点
- 情景描写
- 変化する反復表現

● 特に活用したい思考モデル

類推　比較　定義　具体化

1．教材の概要

　「少年の日の思い出」の最後の一文「そしてチョウを一つ一つ取り出し、指で粉々に押し潰してしまった」は短い中にも「僕」の行動が細かく描写されています。

　本教材を一読した生徒の多くは、結末の場面で「僕」が暗闇の中でチョウを一つ一つ押し潰していく姿が強く印象に残ります。

　なぜチョウを押し潰してしまったのかという問いに対して、ある生徒は「『エーミール』への謝罪」と考え、ある生徒は「『エーミール』への怒りの矛先がチョウに向いた」と捉え、また、ある子は「自分がつくづく嫌になった」といった様々な考えをもちます。

　最後の一文からこのような多様な解釈が生まれ、互いの読みを広げていくことができることが本教材の大きな魅力です。

　最後の一文の解釈は、その一文からだけでは当然行うことは出来ません。そこに至るまでの「僕」のチョウ集めに対する思いや、エーミールに対する思いも併せた上で行うべきものです。

　巧みな描写を読み解きながら、中心課題へと追究していきます。

2．単元展開

時	■学習課題 ／・学習活動	主な観点	思考モデル
1	■物語を読み、みんなで考えていきたいことを決めよう ・全文を音読する。	言　動 反復表現 小道具	論証

	・「共感」「心に残る表現」「みんなで考えたいこと」の観点で初発の感想を発表し合う。 ・単元を通した追究課題をまとめる。	人物	
2	■物語の設定を確かめて、クライマックスを見付けよう ・全文を音読する。 ・時、場、人物の定義で物語を導入・展開・山場・結末の4場面に分ける。 ・クライマックスを検討する。	言動 様子・表情 時・場・人物	因果 定義
3	■僕はチョウ集めの何が楽しかったのだろう ・チョウを捕まえることと標本を作ることのどちらが楽しかったのか検討する。 ・チョウの描写からチョウへの興味の強さを考える。	言動 小道具 情景描写	比較 帰納
4	■僕が「エーミール」の喉笛に飛びかかろうと思ったのはなぜだろう ・チョウを盗んだ原因を見付ける。 ・謝罪の際の「エーミール」に対する思いを検討する。	反復表現 言動 小道具	具体化 因果 類推
5	■チョウを押し潰したときの僕の気持ちを捉えよう ・最後の一文から僕のチョウを押し潰す様子を考える。 ・チョウを押し潰した時の僕の気持ちを考える。	修飾語 様子 助詞・助動詞・補助動詞	比較 因果 類推
6	■「僕」の人物像を捉えよう ・「エーミール」のチョウ集めに対する考え方を検討する。 ・チョウを壊したことの告白をされたときの「エーミール」の心情を考え合う。 ・「僕」の人物像を考える。	視点 言動	類推 論証

3．第3時授業展開プラン

学習課題 「僕」はチョウ集めの何が楽しかったのだろう

1）押さえたい観点と思考モデル

　本時は、8、9歳の頃から10歳の頃の「僕」のチョウ集めに対する思いを考えていきます。「僕」は、「チョウを見付けて捕まえることが楽しかったのか」、或いは、「チョウの標本を作ることが楽しかったのか」として、課題を焦点化して考えやすくします。

　本時で使用する主な観点としては、まず「言動」が挙げられます。チョウを捕まえることと標本を作ること、それぞれに関する行動を取り出し、作中に登場する数を「比較」します。

　他に「小道具」「情景」の観点も働かせて、チョウに関する「僕」の見方を「帰納」により読み取ります。

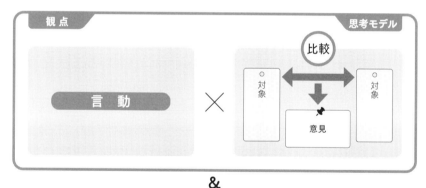

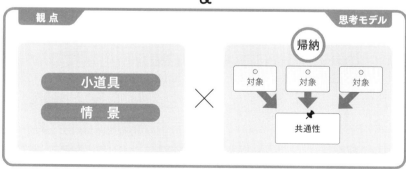

2）授業展開

導入

●学習課題の設定

　本時のねらいは、チョウ集めに対して「僕」がどのような思いだったのか
を理解することです。まず生徒に追究意欲をもたせ、焦点的に思考していく
ために、ここでは、「僕」がチョウ集めをしていたのは、チョウを捕まえる
ことそのものが好きだったのか、チョウを集めて標本を作ることが楽しみ
だったのかを考えます。そして一つ目の観点と思考モデルの提示をします。

●観点と思考モデルの設定

　①観点の設定－1

　　　叙述を捉える大きな観点として、「チョウを捕まえることに関する描
　　写」と「チョウの標本を作ることに関する描写」を設定します。それぞ
　　れに対応した「僕」の言動・態度を見付けるようにします。

　②思考モデルの設定－1

　　　「チョウを捕まえることに関する描写」と「チョウの標本を作ること
　　に関する描写」の枠組みに入る言動・態度を取り出して比較をします。
　　そのための思考モデルは以下のようになります。

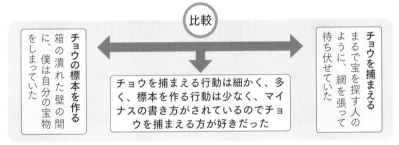

個人追究

　思考モデルの設定を行ったら、個人追究で「チョウを捕まえることに関す
る描写」と「チョウの標本を作ることに関する描写」を取り出し比較します。

協働追究

　まずペアになり、お互いが追究した内容を伝え合います。

　次に全体追究を行い、それぞれの追究内容を出し合い、読みを深めていき
ます。

このときに、「捕まえること」と「標本を作ること」の記述量の違い、それぞれに対して「僕」が積極的な捉えをしているか、消極的な捉えをしているかなどの比較の観点を意識化させます。

　「捕まえること」が好きだったという結論になったら次に「僕」はどの程度チョウ集めが好きだったのかの検討に入ります。

　そこで、二つ目の観点と思考モデルを設定します。ここでは、描写を詳しく見ていくために、複数の小道具や情景描写に着目し、それらの共通性をまとめていく帰納的な思考を用います。

　①観点の設定 – 2

　　「僕」のチョウ集めに関する語りには、チョウそのもの、収集したチョウを入れておく箱等の **小道具** が用いられています。**小道具** に着目することも「僕」のチョウ集めに対する思いや、収集に対する思いを、より鮮明に読み取ることにつながります。また、**情景描写** に着目することも効果的です。

　②思考モデルの設定 – 2

　　小道具 に関する叙述を取り出したら、それらの共通性を見付けます。チョウを捕まえる **言動** とチョウの標本を作る **言動** の比較では、

3）板書

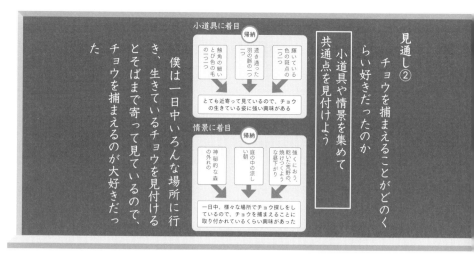

基本的に描写の量によって、「僕」がどちらに興味をもっていたか判断していきましたが、ここでは、言葉の意味をより考えていくようになります。

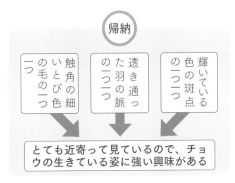

帰納

| 輝いている色の斑点の一つ | 透き通った羽の脈の一つ | 触角の細いとび色の毛の一つ |

→ とても近寄って見ているので、チョウの生きている姿に強い興味がある

上の例に挙げた思考モデルでは、「僕」が見付けたチョウの描写を取り上げて共通性を見いだしています。強い興味をもってチョウに接近して観察していることが分かります。さらに、「斑点」「羽の脈」「とび色の毛」を並べてみると、どんどんチョウに接近していく様子も見てとれます。

個人追究

各自で、思考モデルを使いながら、自分の考えをつくっていきます。

協働追究

チョウ、情景等観点別に分類し、整理します。

まとめ・振り返り

チョウを捕まえることへの執着心、思考モデルの効果を確認します。

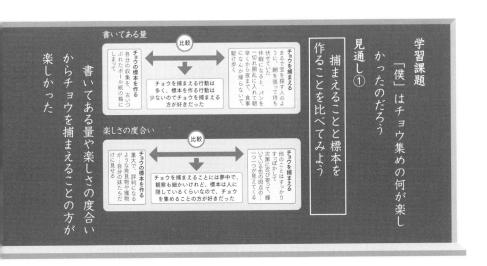

4．第4時授業展開プラン

学習課題「僕」が「エーミール」の喉笛に飛びかかろうと思ったのはなぜだろう

1）押さえたい観点と思考モデル

　本時は「僕」が「エーミール」の部屋に忍び込み、チョウを盗んだ気持ち、「エーミール」に謝罪したときの気持ちについて学習します。「僕」がチョウを盗んだときの気持ちは、小道具としてのチョウの様子に着目することにより見付けることができます。また、「エーミール」の喉笛に飛びかかろうと思った理由は、主に僕が「エーミール」に謝罪した際に「エーミール」が発した言葉の意味を具体化したうえで、因果思考を働かせ、僕に同化する類推思考を働かせることで見えてきます。さらに、「エーミール」のチョウを壊したときの僕は謝罪の気持ちより「美しい、珍しいちょうを見ている方が、僕の心を苦しめた」と書かれていることや、謝罪の際に「エーミール」に「おも

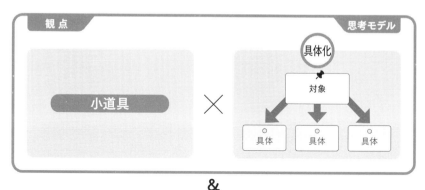

&

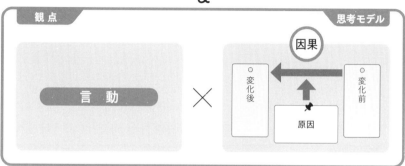

ちゃを全部やる」と言っていることも押さえ、僕の自己中心性や幼稚さを意識させます。

2）授業展開

導入

●学習課題の設定

　本時のねらいは、「僕」が「エーミール」に飛びかかろうと思った理由を解釈することです。

　まず、「僕」はなぜチョウを盗んだのかを押さえ、その後、「エーミール」に謝罪する中でなぜ飛びかかろうとまで思ったのかを探っていくという学習計画を共有します。

●観点と思考モデルの設定

　①観点の設定‐1

　　　チョウを盗んだ理由は、「エーミール」の部屋に忍び込んだ「僕」が、クジャクヤママユの「大きな不思議な斑点」のもつ大きな魅力によって、理性を失ってしまったことによります。そのため、ここでの観点は **小道具** である「クジャクヤママユ」とします。

　②思考モデルの設定‐1

　　　チョウを間近で観察することが好きだった「僕」にとってクジャクヤママユがどれほど魅力的に映ったかを具体化していきます。

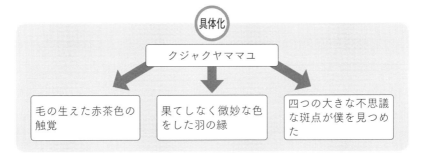

　　　クジャクヤママユについて詳しい描写がなされているところに着目させることで、チョウに対して「僕」が強い関心を抱いていたことがわかりますし、それゆえに、思わず理性を失ってしまったことも伝わってき

ます。その後、チョウを盗んだことよりも、チョウをつぶしてしまった
ことを後悔していることや、「エーミール」に、チョウのつぐないとし
ておもちゃを全部やると言っていることから、「僕」の幼さを押さえます。

　そのうえで、「エーミール」の言葉になぜ「僕」は、飛びかかろうと思っ
たのかを考えていきます。

①観点の設定 – 2

　「僕」が「エーミール」に飛びかかろうと思ったのは「エーミール」
が僕に対して掛けた言葉「結構だよ。僕は、君の集めたやつはもう知っ
ている。そのうえ、今日また、君がチョウをどんなに取り扱っているか、
ということを見ることができたさ。」の直後です。この言葉のどんな部
分が、「僕」の怒りにつながったのかを考えさせます。そのため、ここ
での観点はエーミールの「言動」となります。

②思考モデルの設定 – 2

　「僕」にとって、「エーミール」の言葉の何が引っ掛かったのかを分析
していきます。そのため、「因果」思考を使って考えさせていきます。

　例えば、「君の集めたやつはもう知っている」に着目すると、2年前に、
「僕」が「エーミール」にコムラサキを見せたときのことが想起されます。
「僕」は、元々自分のチョウの収集に対しては劣等感をもっていました。

3）板書

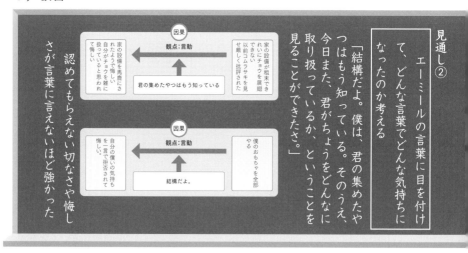

決してチョウを雑に扱っているわけではないのですが、「エーミール」には、受け入れてもらえなかったという経験がありました。そんな「僕」にとって、「君の集めたやつ」は、決してチョウを粗末にしているわけではないのにわかってもらえないという悔しい気持ちを起こさせたということになります。

因果

観点：言動

家の設備を馬鹿にされたようで悔しい 自分がチョウを雑に扱っていると思われていると思われて悔しい

君の集めたやつはもう知っている

家の設備が粗末できれいにチョウを展翅できない 以前コムラサキを見せ厳しく批評された

個人追究

「エーミール」の言葉の中で、解釈したい箇所を取り出して、因果思考を使って考えていきます。

協働追究

それぞれが着目した箇所を基にして行った解釈を発表させ、妥当性を検討していきます。その後、本時での「僕」の心情変化の流れをまとめます。

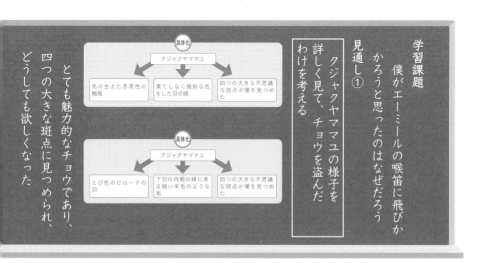

学習課題
僕がエーミールの喉笛に飛びかかろうと思ったのはなぜだろう

見通し①
クジャクヤママユの様子を詳しく見て、チョウを盗んだわけを考える

具体化
クジャクヤママユ

毛の生えた赤茶色の触覚

果てしなく微妙な色をした羽の縁

四つの大きな不思議な斑点が僕を見つめた

具体化
クジャクヤママユ

とび色のビロードの羽

下羽の内側の縁にある細い羊毛のような毛

四つの大きな不思議な斑点が僕を見つめた

とても魅力的なチョウであり、四つの大きな斑点に見つめられ、どうしても欲しくなった

銀木犀の木をくぐって出た「私」はどんな思いだったのだろうか

■特に押さえたい観点		■特に活用したい思考モデル
情景描写　修飾語		類推　分類　具体化　比較
色彩表現　比喩・象徴		
反復表現		

1．教材の概要

　小学校時代、仲の良かった「私」と「夏実」は、中学校に入学して、次第に気持ちが離れていきます。

　夏実と行き違いが生じた私は、仲直りをしようと試みますが、夏実に無視をされてしまいます。

　私は、やはり小学校時代からの友達の戸部君の言動や、公園で掃除をしているおばさんの言葉によって、新たな一歩を踏み出そうとします。

　このようなストーリーが彩り豊かに描かれているところが、本教材の大きな特徴です。

　まず、「銀木犀」が、私や夏実の心情や状況の象徴として機能しています。また、「運動部のみんなはサバンナの動物のように」といった比喩表現が多用され、場面の様子や、登場人物たちの心情を豊かに描いています。

　更に、色彩表現も多用されています。

　豊かな表現は何を表しているのか、その意味を読み解いていくことによって、本教材を豊かに読み味わうことができます。

　そのために、ストーリーを読み取った後、表現の効果を関連させた学習を行っていきます。

　例えば、「お守りみたいな小さなビニール袋」の「お守り」とは私にとっては何のお守りだったのかといった、比喩表現をはじめとした、多様な表現の意味を具体化していくことで、私の心情をより適切に解釈していくことができます。

2．単元展開

時	■学習課題／・学習活動	主な観点	思考モデル
1	■物語を読み、みんなで考えていきたいことを決めよう ・全文を音読する。 ・「共感」「心に残る表現」「みんなで考えたいこと」の観点で初発の感想を発表し合う。 ・単元を通した追究課題をまとめる。	色彩表現 情景描写 修飾語 人　物 反復表現	論証
2	■物語の設定を確かめて、場面の確認をし、あらすじを確かめよう ・全文を音読する。 ・教材文で一行空きになっている箇所に沿って4場面に分ける。 ・それぞれの場面での時、場所、人物を確かめる。 ・「…だった私が〜によって◇◇になった」の形であらすじをまとめる。	言　動 様子・表情 時・場・人物	因果
3	■「外にいる友達を探しているふうに熱心に下を眺め」ていた私はどのような心情だったのだろう ・元々の私と夏実の関係、仲違いの原因を見付ける。 ・夏実に無視をされた私の心情を話し合う。	比　喩 言　動 様子・表情	具体化　類推
4	■戸部君と話したときの私の涙は何の涙だろうか ・私が戸部君を探した理由を話し合う。 ・ボール磨きをしている戸部君を見つめる私の心情を話し合う。 ・私の「涙」はどんな涙なのかを話し合う。	小道具 言　動 反復表現	具体化　類推 因果　比較

5	■「銀木犀の木の下をくぐって」出た「私」はどのような思いだったのだろう ・公園の掃除のおばさんの言葉はどんなことを象徴しているか話し合う。 ・冒頭と結末での銀木犀の違いを話し合う。 ・銀木犀の木の下から出た「私」の思いを話し合う。	様　子 言　動 反　復 色彩表現 象　徴 修飾語 情　景	類推　因果 比較 具体化　分類

3．第3時授業展開プラン

学習課題「外にいる友達を探しているふうに熱心に下を眺め」ていた私はどのような心情だったのだろう

1）押さえたい観点と思考モデル

　本時は、仲違いをしていた「夏実」と仲直りをするために話しかけようとした「私」が「夏実」に無視をされてしまい、衝撃を受ける場面を扱います。

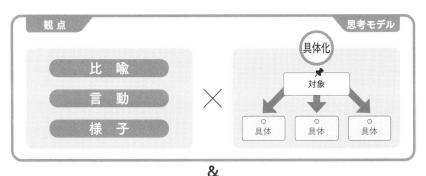

&

この場面では、「比喩表現」や具体的な「様子」や「行動」の描写が多用されています。

　一方、「私」の心情の直接描写はありません。

　そこで、「私」に関する比喩表現、「私」の様子、行動が何を表すのかを「具体化」していくことによって、「私」の心情を読み解いていきます。各自で叙述を取り出して、活動に取り組ませます。

２）授業展開

導　入

●学習課題の設定

　本時は、まず、元々の「私」と「夏実」の関係を押さえます。

　小学校の友達であったこと、二人で銀木犀の木の下に立ち、花が散るのを眺めていたことを押さえ、中学校に入ってからは、最初は一緒に帰っていたものの、すれ違いや誤解の積み重ねで、別々に帰るようになっていたことを押さえます。そして、仲直りするために「私」は「夏実」に声をかけようとしたのですが、無視されてしまったことまでを確認します。この場面のストーリーを確かめたうえで、学習課題「外にいる友達を探しているふうに熱心に下を眺め」ていた「私」はどのような心情だったのだろうを設定します。

●観点と思考モデルの設定

①観点の設定－１

　　「夏実」に無視をされた後の「私」に関する描写は、濃密に描かれています。しかし、「私」がどのような気持であったかについては触れられていません。そこで、「私」に関する **比喩表現** や **言動** **様子** に着目して、そこから心情を考察していくことを投げかけます。

②思考モデルの設定－１

　　着目した **比喩** **言動** **描写** を具体化することによって、「私」の心情が見えてきます。

　　この場面には、「どこも強い日差しのせいで、色がとんでしまったみたい」「貧血を起こしたときにみえる白々とした光景によく似ている」「私は外にいる友達を探しているふうに熱心に外を眺めた」といった「比喩」や、

「唇がふるえている」「窓に駆け寄って下をのぞいた」といった行動描写があります。いずれもその様子を具体化していくことによって、「私」の心情の解釈を行うことができる叙述です。生徒には、これらの中から取り組みたいものを選ばせ追究させます。その後、各自で考えたことを交流するという流れにします。

具体化

唇がふるえている

大きなショックを受けている

パニックになっている

状況を受け入れられない

個人追究

　思考モデルの設定を行う中で、学級全体で考えを一つつくるモデル学習を行います。例えば、「唇がふるえている」を示し、「私」がどうなってしまっているのかを挙げさせます。叙述を取り出し、その様子を詳しく想像したり、心情を考えたりしたものを書き込んでいきます。

協働追究

　各自が考えたものを学級全体で共有していきます。それぞれが考えた思考モデルの内容を出し合っていきます。同じ叙述から考えたものは複数続けて出さ

3）板書

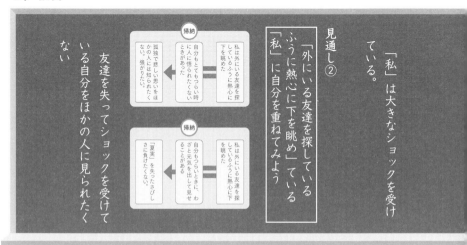

せていき、整理していきます。

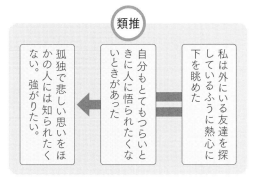

その後、学習課題「「外にいる友達を探しているふうに熱心に下を眺め」ていた『私』はどのような心情だったのだろう」に対する自分の考えをもたせていきます。本時の前半で具体化し合った「私」の心情を基にして、同化させます。

①観点の設定－2

　着目するのは、「私は外にいる友達を探しているふうに熱心に下を眺めた」です。

②思考モデルの設定－2

　「私」に自分を重ねて類推します。

個人追究

各自で、思考モデルを使いながら、自分の考えを作っていきます。

協働追究

各自の考えを出し合います。意見の内容によって分類していきます。

まとめ・振り返り

表現を具体化することによる解釈の高まりを振り返ります。

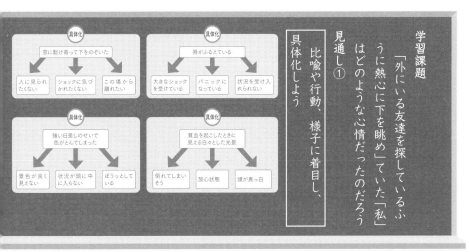

表現の意味を見付けよう

●特に押さえたい観点

助詞・助動詞・補助動詞	文末表現
変化しない反復表現	比喩・象徴
小道具	言動・態度

●特に活用したい思考モデル

比較　具体化　類推

1. 教材の概要

「盆土産」（光村2）を一読すると、「懐かしい」雰囲気を感じます。

　文学的文章は、作者の意図によって、様々な表現がなされています。本教材では、冒頭から「河鹿」や「川に漬けたゴム長」といった、自然が豊かな田舎を連想させる言葉が登場します。

　また、「父っちゃのだしをこさえておかねばなあ。」のような方言が全体に使われていることからも、のどかな田舎という舞台が想像できます。

　さらに「えびフライ」がとても珍しい食べ物であること、「ドライアイス」を初めて見たことといったストーリーから、現在よりも少し昔の出来事ということがわかります。

　本教材では、まず、初発の感想における「懐かしさを感じる」を切り口に、懐かしさを感じる表現に着目させ、ストーリー展開と共に、表現も読み取りに影響を与えることを学びます。

　そのうえで、「表現の意味を見付けよう」という学習課題を設定します。次に、物語の設定の確認、場面分け、各場面のあらすじのまとめを行い、教材文全体の概略を掴みます。

　続いて、「えびフライ」と「えんびフライ」が何を象徴しているのかについて分析していきます。このとき、「えびフライ」と「えんびフライ」の相違点を比較した後、それぞれの象徴性について具体化していきます。

　その後、本教材に登場する様々な表現に対して、各自が「比較」や「具体化」する思考を使い、その表現の意味について分析していきます。

　各自が分析したものを持ち寄って、お互いの学びから、表現の意味につい

ての理解を広げ、深めます。

2．単元展開

時	■学習課題／・学習活動	主な観点	思考モデル
1	■物語を読み、みんなで考えていきたいことを決めよう ・全文を音読する。 ・「共感」「心に残る表現」「みんなで考えたいこと」の観点で初発の感想を発表し合う。 ・一読した際の教材文全体の印象を発表し合い、懐かしさにつながる表現は何か検討する。 ・単元を通した追究課題「表現の意味を見付けよう」をまとめる。	言動・態度 文 体 様子・表情	論証
2	■物語の設定を確かめて、場面ごとのあらすじをまとめよう ・全文を音読する。 ・教材文で1行空きになっている箇所で場面を3つに分ける。各場面の時、場、人物設定を読み取る。 ・各場面のあらすじを「……する少年」のように、中心人物を末尾に置く体言止めの形でまとめる。	言 動 様 子 時・場・人物	因果　定義
3	■「えびフライ」と「えんびフライ」は同じだろうか、違うだろうか ・「えびフライ」と「えんびフライ」を比較する。 ・「えびフライ」「えんびフライ」、それぞれが象徴しているものは何かを検討する。	変化しない反復表現 言 動 様 子	具体化　比較
4	■細かなところから表現の意味を見付けよう ・小道具、比喩・象徴、文末表現、助詞・助動詞・動詞といった観点、比較、具体化、類推といった思考モデルの中から取り組みたいものを選び、表現の意味を見付ける。 ・各自が見付けたことを全体で交流する。	助詞・助動詞・補助動詞 文末表現 比喩・象徴 小道具 言 動 反復表現	比較　具体化 類推

3．第3時授業展開プラン

学習課題 「えびフライ」と「えんびフライ」は同じだろうか、違うだろうか

1）押さえたい観点と思考モデル

本教材では、同じ対象の「えびフライ」に対して、「えんびフライ」と「えびフライ」という二つの呼び方がされています。

「えびフライ」と「えんびフライ」のようにわざわざ違う言い方がされているのにはそれぞれに意味があることが推測できます。

そこで、本時では、まず、「えびフライ」と「えんびフライ」のそれぞれが表していることを具体化します。

そのうえで、具体化して発見したことを観点にして、「えびフライ」と「えんびフライ」を比較します。

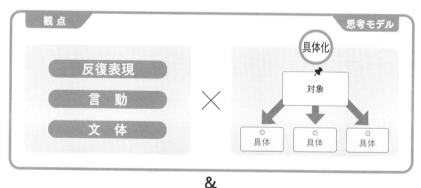

&

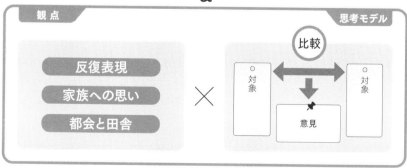

2）授業展開

導入

●学習課題の設定

　まず、生徒に本教材で登場する「えびフライ」と「えんびフライ」は同じものかどうか尋ねます。

　多くの生徒からは、「同じもの」という反応が返ってきます。そこで、同じものなのに、なぜ異なる言い方をしているのかを尋ねます。

　すると生徒からは、「えびフライは共通語で、えんびフライは少年や祖母が、えびフライをうまく言えなかったことを表しているから」といった反応があります。

　そこで、「えびフライ」と「えんびフライ」の違いは、共通語としての「えびフライ」と方言としての「えんびフライ」という意味だけなのか、もっと、別の意味があるのではないかという問いを投げかけ、本時の学習課題を設定します。

　その後、まず、「えびフライ」「えんびフライ」が何を表しているのかを具体化し、そのうえで、「えびフライ」と「えんびフライ」を比較して、それぞれの違いを見付けていくという流れを示します。

●観点と思考モデルの設定

①観点の設定‐1

　　まず、「えびフライ」「えんびフライ」、それぞれの言葉が表すものを具体化していきます。

　　大きな観点は、 反復表現 である「えびフライ」「えんびフライ」です。

　　次に、「えびフライ」「えんびフライ」を具体化していくためには、さらに詳しい観点が必要になります。

　　観点の主なものは、 言動 文体 です。

②思考モデルの設定‐1

　　反復表現「えびフライ」「えんびフライ」それぞれがどんな場合に使われているかをみていくことで、両者が表すことを明確にします。

　　そのために詳しい観点に沿った「具体化」の思考を使います。

　生徒はえんびフライ、えびフライ、それぞれが登場する箇所を挙げ、意味付けをしていきます。

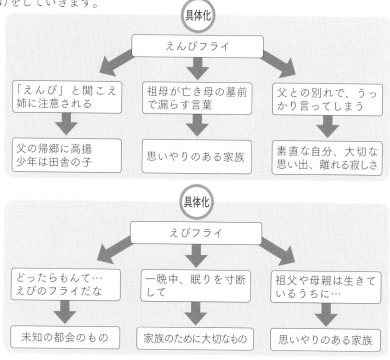

3）板書

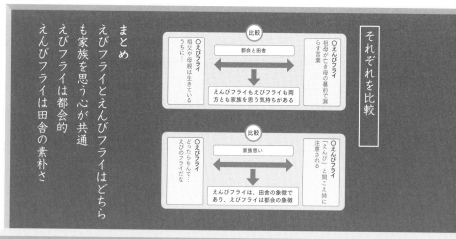

協働追究では、各自が分析したものを出し合い、「えびフライ」「えんびフライ」、それぞれの表すものを共有していきます。

　そのうえで、「えんびフライ」と「えびフライ」を比較します。

①観点の設定－2

　　「えんびフライ」と「えびフライ」を具体化した際に取り出した叙述や意味付けしたことを根拠とします。観点は、「家族への思い」「都会と田舎」といったものを設定します。

②思考モデルの設定－2

　　比較の思考を使い、「えんびフライ」と「えびフライ」の共通点や相違点を見つけていきます。

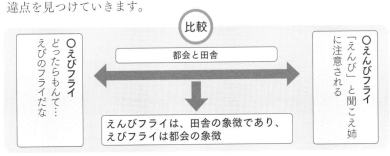

協働追究　**まとめ・振り返り**

　えんびフライとえびフライの共通点と相違点をまとめていきます。

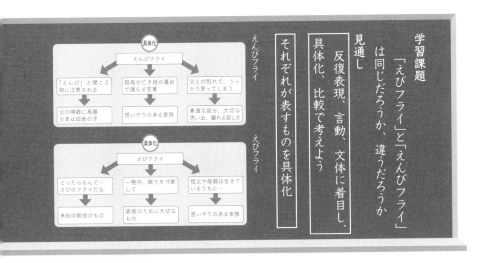

4．第4時授業展開プラン

学習課題 細かなところから表現の意味を見付けよう

1）押さえたい観点と思考モデル

「盆土産」（光村2）には、作品世界を彩る多様な表現がちりばめられています。前時では、「えんびフライ」と「えびフライ」、それぞれが表す意味を考えたで、両者の比較から、「えんびフライ」の共通点を見付けていきました。

その学習を基にして、本時では、各自で **小道具** **比喩・象徴** **文末表現** 「助詞・助動詞・補助動詞」 **反復表現** に着目し、「具体化」、「比較」といった前時に働かせた考え方、また、登場人物に同化する「類推」といった考え方の中から、自分が取り組んでみたいものを選び、働かせていくようにします。

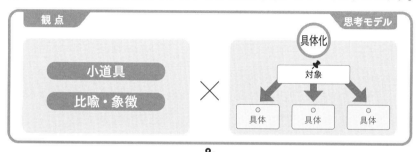

&

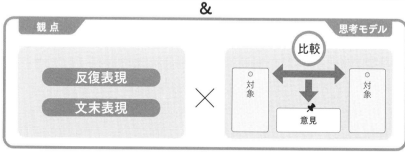

&

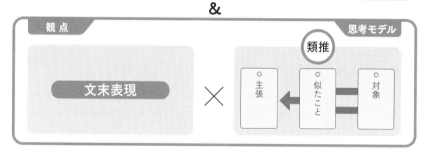

2）授業展開

導 入

●学習課題の設定

　前時「えんびフライ」と「えびフライ」の共通点、相違点を追究していく中で、教材文に登場する一つ一つの言葉のもつ意味について学びました。

　この活動を通し、ストーリー展開の中で、登場人物の心情を読み取っていくことも楽しいけれど、描写を取り出し、その意味を考えることも面白い、と生徒に感じ取らせていると本時の活動に生徒は強い興味をもって取り組みます。

　本教材には、「えんびフライ」や「えびフライ」以外にも、教材文中において、重要な意味をもつ言葉が数多くあります。

　各自が自分で取り組みたいと思う言葉に着目し、適切な考え方を使って、言葉の意味を読み解くこと、そして、各自が読み解いたことを交流することによって、教材文をより深く読むことを投げかけます。

　そして、課題を解決するための観点と思考モデルの共有をしていきます。

●観点と思考モデルの設定

　①観点の設定

　　　本時では複数の観点を扱います。

　　　「河鹿」のような **小道具** 、「自分の鼻の頭でも眺めるような」といった **比喩・象徴** 、「ハンチング」のような **反復表現** 、「『えんびフライ』と言ってしまった」の「しまった」のような **文末表現** を、例を挙げながら示します。

　②思考モデルの設定

　　　観点に沿って叙述を取り出したら、どのように思考していくのかのモデルを設定します。

　　　前時は、「具体化」と「比較」を行いました。

　　　本時も、それらの思考を働かせると共に、「類推」を用いた「同化」、つまり登場人物に自分を重ねた読みを提示します。

　　　生徒が自分で取り組んでみたい観点や思考モデルを選択して追究していけるようにします。

個人追究

思考モデルに沿って生徒に追究をさせていきます。

　ハンチングの比較をすることで、父親の心情の変化を捉えることができます。「青いハンチング」として「具体化」すると父親の現在の様子を捉えることができます。

　個人追究に入る前に、観点と思考モデルの例を示すことで、生徒に考え方の

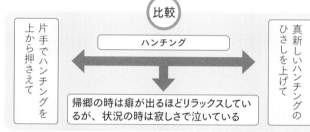

3）板書

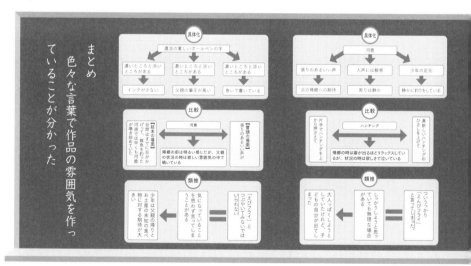

イメージを掴ませることができます。

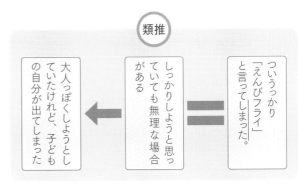

協働追究

全体追究で、生徒が個人追究でもった考えを出し合っていきます。

大きく思考モデルごとに発言させます。また、同じ観点、同じ叙述を取り出している生徒たちには、まとめて発言させていきます。

このように、追究の仕方や、追究の結果についての発言を焦点化していくことで、生徒は、互いの考え方の共通点や相違点を意識することができ、読みの深まりや広がりにつながっていきます。

精査・解釈

お互いの考えを聞き合ったことにより、生徒の解釈は豊かになってきています。その原因を考えさせることで、働かせた観点や思考モデルの良さを自覚させます。

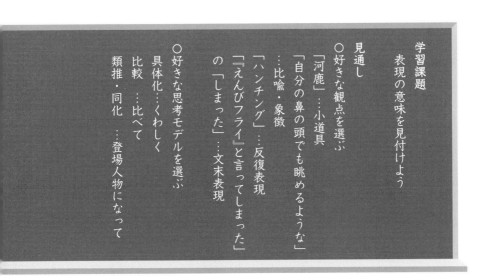

学習課題
表現の意味を見付けよう

見通し
○好きな観点を選ぶ
　[河鹿]…小道具
　[自分の鼻の頭でも眺めるような]
　　…比喩・象徴
　[ハンチング]…反復表現
　[『えんびフライ』と言ってしまった]
　の[しまった]…文末表現

○好きな思考モデルを選ぶ
　具体化…くわしく
　比較　…比べて
　類推・同化　…登場人物になって

登場人物の人物像を捉えよう

● 特に押さえたい観点

言　動	様子・表情
視　点	情景描写

● 特に活用したい思考モデル

（帰納）（因果）（比較）（定義）

1．教材の概要

「走れメロス」を一読した生徒に、メロスについての印象を尋ねます。

生徒の印象は、「メロスはかっこいい」というものが多くありますが、「メロスはかっこよく思わない」というものもあります。

それは、メロスの描かれ方が多様であることに因ります。時にメロスは、親友セリヌンティウスを守るために「私だ、刑吏！殺されるのは私だ。メロスだ」と叫び、美しい友情を体現した姿を見せます。

一方で、王城には、妹の結婚式のために買った衣装やごちそうが入っている買い物かごを背負ったままという滑稽な姿で乗り込んでいます。

このように全体的に見るとかっこいいのだけれども、部分を細かく見ていくとかっこいいとはいえないメロスはどのような人物像なのだろうということを、それぞれの場面でのメロスの姿を分類したり、一般的な人物の行動と比較したりすることによって考えさせることができます。

また、メロスとセリヌンティウスとのドラマは暴君ディオニスの心を大きく変えます。どのようなことが原因で変化したのかという因果思考を働かせることで、変化の原因を詳しく読み取ることができます。

2．単元展開

時	■学習課題／・学習活動	主な観点	思考モデル
1	■物語を読み、みんなで考えていきたいことを決めよう ・全文を音読する。 ・「共感」「心に残る表現」「みんなで	言　動 文　体 態　度 様子・表情	（論証）

	考えたいこと」の観点で初発の感想を発表し合う。 ・単元を通した追究課題をまとめる。		
2	■物語の設定を確かめて、場面ごとのあらすじをまとめよう ・全文を音読する。 ・時、場、人物の定義で物語を導入・展開・山場・結末の4場面に分ける。 ・各場面のあらすじをまとめる。	言動 様子 時・場・人物	因果　定義
3	■冒頭から妹の結婚式を終えて眠りにつくまでのメロスの人物像を捉えよう ・冒頭から式を終えた後までの部分を音読する。 ・メロスに関する描写を勇敢、早合点、短気等の観点で整理する。	様　子 言　動	帰納
4	■走り始めてから結末までのメロスの人物像を捉えよう ・走り始めから結末まで音読する。 ・メロスに関する描写を勇敢、正直、弱気等の観点で整理する。 ・一般的な態度との比較をする。	視　点 言　動 文　体 修飾語	比較　帰納
5	■王の人物像を捉えよう ・全文を黙読する。 ・王の変化の原因となるメロスらの言動・態度、様子・表情を取り出す。	言　動 様子・表情 修飾語	因果
6	■作品に使われている表現の効果を捉えよう ・全文を黙読する。 ・表記、比喩等、気になる表現を取り出し、別の述べ方と比較する。	比　喩 情景描写 文　体	比較

3．第4時授業展開プラン

学習課題 走り始めてから結末までのメロスの人物像を捉えよう

1）押さえたい観点と思考モデル

　本時は、妹の結婚式を終えてひと眠りしたメロスが王城に向けて走り始めるところから、結末までの場面までのメロスの人物像を捉えていきます。

　人物像を捉える観点の基本は、メロスの言動です。この場面でのメロスの行動は、山賊と戦い打ち負かしたりするなど勇敢な面もある一方、山賊との戦いの後、疲れ果て、セリヌンティウスを救うことを諦め、まどろんでしまうといったように、振幅が大きくなっています。他にも、所々に語り手がメロスと一体化するような箇所もあり、視点に着目することも効果的です。

　思考法としては、メロスの言動等を一般的な言動と比較するという方法と、メロスの言動等を取り出し、類似したもので集めて帰納的に考える方法とがあります。

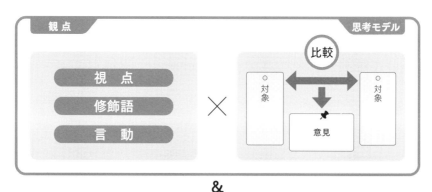

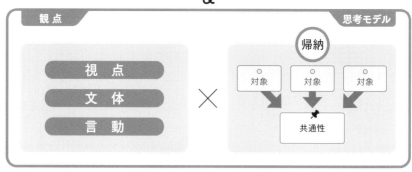

2）授業展開

導 入

●学習課題の設定

　まず、本時の学習範囲の、妹の結婚式を終えて目が覚めたメロスが走り始めるところから結末までの叙述を確認します。そして、この場面でのメロスの人物像を探っていくという学習課題を設定します。

●観点と思考モデルの設定

①観点の設定

　　メロスの人物像を探っていくための観点を設定します。生徒にどんなところに着目したら人物像が読み取れそうか問い、発言を引き出し、位置付けながら、メロスの行動や会話といった **言動** **視点** **修飾語** 等を設定します。

②思考モデルの設定

　　本時は大きく二つの思考モデルを設定します。

　　一つは、メロスの言動等を取り出し、帰納的に考える方法です。もう一つは、メロスの言動等を取り出し、一般的な人物の言動と比較する方法です。生徒には、二つのうち、好きな方法を選択させます。

③学び方を知るモデル学習

　　クラス全体で、モデル学習を行います。まず、帰納を使った方法を行います。メロスは激流を前にして、ゼウスにどのようなことを哀願しているのかを問い、「あのよい友達が、私のために死ぬのです」といったセリヌンティウスを思うメロスの気持ちを引き出します。そのうえで、同じようにメロスがセリヌンティウスを大切に思っている言動はないか問い、複数集まったところで、「友達思い」という共通性を確認します。ここで生徒には一つ留意点を指導します。それは、離れたところにある叙述を関連させるということです。接近し

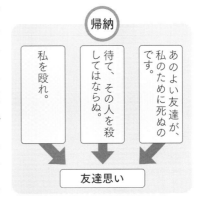

ている箇所にある言動は、同じ出来事に対する反応であることが多いです。したがって、似た内容のものが集まりやすいです。しかし、

人物像といった場合には、一つの出来事に対する反応だけではなく、様々な出来事に対する反応の共通性を見出していくことが客観性をもたらすものになります。したがって、叙述を見付ける範囲を広く捉え、複数の出来事から共通した反応を探るよう、声がけします。

　もう一つは、「比較」を使った方法です。メロスが激流を渡る場面での修飾語に着目します。「獅子奮迅の人の子の姿」とあります。この言葉と、似た一般的な言葉を比較させます。

　このようにして、「獅子奮迅の人の子の姿」の意味を浮き彫りにさせ、メロスの人物像を決め出します。「帰納」の場合には、いわば線で捉えていくのに対し、「比較」では、「点」で捉える方法を使います。点で捉えているものでも、それが複数集まれば、やはり、客観性をもった考えとなります。生徒の中には、幅広い範囲を探ることに興味をもつ者もいますし、一つの表現に立ち止まり、熟考することに興味をもつ者もいま

3）板書

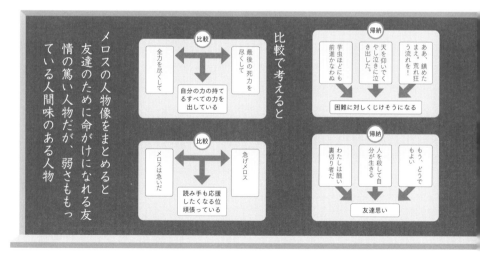

す。生徒の学び方に配慮し、これら二つのうち、好きな方を選択して個
人追究していくように指示します。

個人追究

　各自で、思考モデルを使いながら、自分の考えを作っていきます。「帰納」
「比較」どちらかだけの思考で行っても良いし、どちらの方法もやってみて
も構わないということを生徒に伝えてから取り組ませます。

協働追究

　まず、同じ思考モデルを使った生徒同士で４人グループになり、学習状況
を確認させます。同じ思考モデルを使った者同士でグルーピングすることに
より、お互いの考え方が分かり、考えた内容の妥当性の検討もしやすくなります。
　グループで、お互いの内容の検討を終えたら、全体追究に入ります。まず、
帰納の思考モデルを使った生徒から発表させていきます。激流を超えたり、
山賊と戦ったりしたところからは「メロスは、勇気がある」といった考えが
出されます。次いで比較の思考モデルを使った生徒に発表させていきます。
こちらの方からはメロスの弱さ、滑稽さについての気づきが出されます。

まとめ・振り返り

　全体追究を受けて、自分なりのメロスの人物像をまとめさせます。そのう
えで、観点や帰納、比較の思考の良さを確認します。

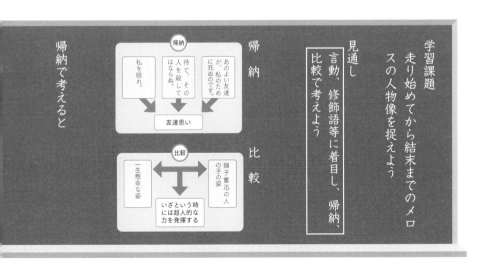

ルロイ修道士の生き方を探ろう

● 特に押さえたい観点
比喩・象徴

● 特に活用したい思考モデル

比較　具体化

1. 教材の概要

本教材には、大きな特徴が二つあります。

一つは、題名の「握手」に代表される「象徴的な表現」が多く使われているということです。

握手の他には、「右の人さし指をぴんと立てる」といったいわゆる「指言葉」があります。象徴的な表現の意味を解釈することで、ルロイ修道士の生き方を読み取ることができます。

もう一つは、時間の構造が大きく三重になっているということです（ルロイ修道士の葬儀の箇所を「過去①」に含んだ場合です）。

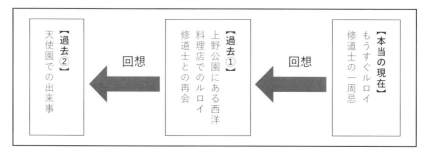

「本当の現在」は、物語最終盤になって分かります。

基本的には、「過去①」が「現在」となり、「過去②」の天使園での出来事との往復が行われる形で物語が進展していきます。

「象徴的な表現」と「時間の三重構造」とは、無縁ではありません。

例えば、「指言葉」や「握手」は「本当の現在」以外に登場します。

過去①と過去②で、同じ指言葉がどのように異なっているかを比べることで、ルロイ修道士の変化を読み取ることができます。

２．単元展開

時	■学習課題 ／・学習活動	主な観点	思考モデル
1	■物語を読み、設定を掴んだうえで、みんなで考えていきたいことを決めよう ・物語が展開する時、場所、および、登場人物を確認しながら、全文を音読する。 ※初読の前に、本教材は過去と回想の繰り返しになっていることを教師が伝え、内容理解の補助を行う。 ・「共感」「心に残る表現」「みんなで考えたいこと」の観点で初発の感想を発表し合う。 ・単元を通した追究課題をまとめる。	言動・態度 様子・表情 時・場所・人物	論証　比較
2	■過去と現在の往復の意味を探ろう ・「指言葉」や「握手」など、同じ事柄について、現在と過去での描かれ方を比較する。 ・過去の場面がある場合とない場合を比較し、過去の場面があることの効果を検討する。 ・ルロイ修道士が亡くなってから一周忌に「わたし」の現在の位置が設定されていることの意味を検討する。	比喩・象徴 言　動	比較
3	■「指言葉」や「握手」にはどのような意味があるのだろうか ・「指言葉」や「握手」が登場する場面を確認する。 ・ルロイ修道士と「わたし」にとっての「指言葉」や「握手」が表す意味を見付ける。	比喩・象徴 言　動	比較　具体化 類推
4	■ルロイ修道士の生き方を探り、自分の考えをもとう ・「指言葉」や「握手」を通して、ルロイ修道士の生き方について検討する。 ・ルロイ修道士の生き方に対して、自分の考えをもつ。 ・考えたことを交流し合う。	比喩・象徴 文　体	論証

3．第2時授業展開プラン

過去と現在の往復の意味を探ろう

1）押さえたい観点と思考モデル

本時は、「指言葉」「握手」を観点にして教材文が過去と現在の往復で書かれていることの意味を探っていきます。そのための思考モデルとして、「比較」を使います。

大きく以下の三つのタイプの比較をしていきます。

一つは、「同じ指言葉や握手に着目して、現在と過去ではどのような違いがあるかを比較する」です。二つは、「過去の叙述がないときと比べて、過去の叙述があることにどのような意味があるか探る」です。

そして三つは、「まもなくルロイ修道士の一周忌を迎える時点での『わたし』とそれまでの『わたし』の違いを『指言葉』を観点にして比較する」です。

生徒は、これらの三つのタイプの思考モデルのうち、まず「同じ指言葉や握手に着目して、現在と過去ではどのような違いがあるかを比較する」「過去の叙述がないときと比べて、過去の叙述があることにどのような意味があるか探る」については、自分が追究してみたいと思った方法を選択して、個人追究していきます。

個人追究の後に行う協働追究で、各自が考えたものを発表し合います。

そして三つ目の「まもなくルロイ修道士の一周忌を迎える時点での『わたし』とそれまでの『わたし』の違いを『指言葉』を観点にして比較する」について全体で考えていき、「わたし」がルロイ修道士の死から1年経ち、気持ちの整理ができたことを読み取らせます。

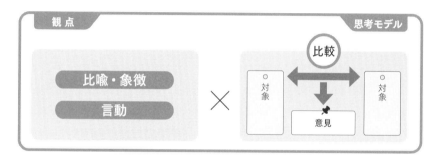

2）授業展開

導入

●学習課題の設定

　まず、前時の学習を振り返り、本教材は大きく三つの時間設定がなされており、時間の往復がいくつも描かれていることを確認します。

　確認したことを踏まえて、過去と現在の往復にはどんな意味があるのかを生徒に投げかけて、疑問をもたせたうえで学習課題「過去と現在の往復の意味を知ろう」を設定します。

●観点と思考モデルの設定

　①観点の設定

　　　過去と現在の往復の意味はどのようにしたら考えていくことができるのかを、まず生徒に尋ねます。

　　　本教材では、過去にも現在にも登場するものとして特徴的なものがあることを示すと、「指言葉」「握手」といったことが出されます。

　　　そこで、過去と現在とを「指言葉」や「握手」といった **比喩・象徴** **言動** を手掛かりとして見ていくこととします。

　②思考モデルの設定

　　　続いて、「指言葉」や「握手」を手掛かりとしてどのように考えていくかを決め出していきます。

　　　「指言葉」や「握手」を過去と現在で比較することで、学習課題に迫れるのではないかという見通しをもたせます。

　　　そして、「同じ指言葉や握手に着目して、現在と過去ではどのような違いがあるかを比較する」「過去の叙述がないときと比べて、過去の叙述があることにどのような意味があるか探る」の「比較」二つの思考モデルのうち、考えやすい方を選択し、追究するよう指示します。

個人追究

　各自で、思考モデルを使いながら、自分の考えをつくっていきます。

　必要に応じて、思考モデルの具体を示し、活動へのイメージを描きやすくします。

　「同じ指言葉や握手に着目して、現在と過去ではどのような違いがあるか

を比較する」

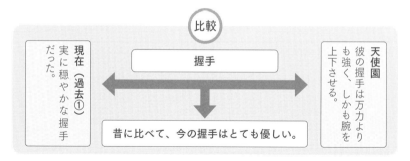

「過去の叙述がないときと比べて、過去の叙述があることにどのような意味があるか探る」

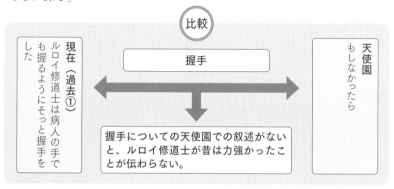

3）板書

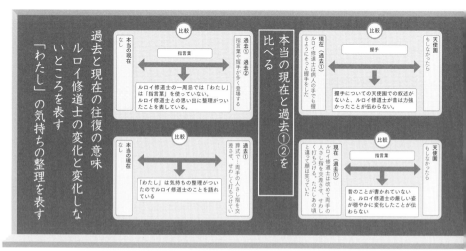

　「同じ指言葉や握手に着目して、現在と過去ではどのような違いがあるかを比較する」「過去の叙述がない時と比べて、過去の叙述があることにどのような意味があるか探る」それぞれでの取組を発表し合います。

　発表したことを受けて、過去と現在の往復の意味を検討していきます。

　過去と現在の往復を通して、大まかには「ルロイ修道士の変化」、もう少し具体化すると、「昔は、ルロイ修道士は力強く、たくましかったけれども、現在は、穏やかになっている」ことがわかることを押さえます。

　そのうえで、結末の「本当の現在」がある意味について、「過去①」「過去②」と「本当の現在」であるものとないものを比較します。

　全体で意見交流をした後、過去と現在の往復の意味をノートに書かせます。

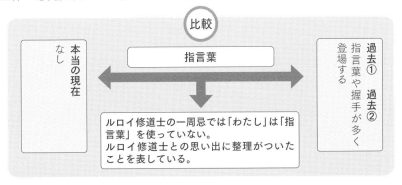

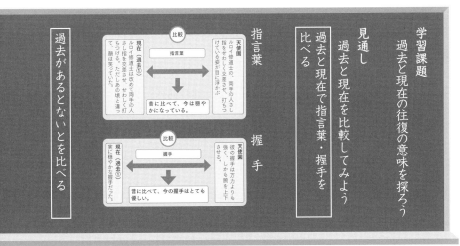

107

「私」の考え方を批評しよう

●特に押さえたい観点

言動・態度	服装・小道具
反復表現	情景描写

●特に活用したい思考モデル

(比較)(具体化)(論証)

1．教材の概要

本教材の結末部、故郷を離れる「私」の思いの中に以下の箇所があります。

> 希望をいえば、彼らは新しい生活をもたなくてはならない。私たちの経験しなかった新しい生活を。

懐かしい旧友ルントウとの再会で、お互いがすっかり隔絶されてしまったこと、近所に住むヤンおばさんの言動から、人の心が荒れてしまったこと、このようなことから「私」は現状に絶望します。一方で、「私」は甥のホンルやルントウの息子のシュイションの姿から未来への希望も感じます。

そこから紡がれた思いが、上の引用した表現です。

「私」のこの思いに違和感をおぼえる生徒は多くいます。現状に対して課題を感じているのであれば、「私」はなぜ自分で行動を起こそうとしないのかというものです。しかし、当時の社会状況からすれば、「私」が自分で行動を起こせるものではないということを学んだ生徒は「当時の『私』にとっては次世代に期待するという思いを表明することしかできなかった。現在の自分たちと比べると気の毒だ。」と思います。

批評の学習をするうえで、実はここからが大事なところです。「現在の自分たち」が住む世界は、本当に、自分で困難を突破していける状況になっているのかを生徒に認識させます。自分が過ごしている教室の中ではどうでしょうか。様々な形での「同調圧力」に縛られてはいないでしょうか。

100年読み継がれている本教材は現代にも通じる課題を突き付けていることに気付かせたうえで、自分の生き方について改めて考えさせていきます。

2．単元展開

時	■学習課題／・学習活動	主な観点	思考モデル
1	■物語を読み、設定を掴んだうえで、みんなで考えていきたいことを決めよう ・「共感」「心に残る表現」「みんなで考えたいこと」の観点で初発の感想を発表し合う。 ・単元を通した追究課題をまとめる。	言動・態度 様子・表情	論証
2	■物語の設定とあらすじを捉えよう ・物語が展開する時、場所、および、登場人物を確認しながら、全文を音読する。 ・「明くる日の朝早く」「ある寒い日の朝」「それからまた九日して」の「時」に着目して、場面を四つに分ける。 ・各場面のあらすじを基本的に「●●だった『私』が◇◇によって△△になった」の形で一文にまとめる。 ・各自がまとめたあらすじの妥当性を検討する。	時・場所・人物 言　動 情　景	比較　因果 具体化
3	■物語の大きな変化を読み取ろう ・「私」と「ルントウ」の再会の場面での「ルントウ」の姿から「私」が、なぜ、どのような心情になったのかを検討する。 ・帰郷したときと、故郷から離れるときでは、「私」の心境に、どのような理由でどのような変化があったのかを検討する。	様子・表情 言　動 服装・小道具 情景描写 反復表現	比較
4	■物語に描かれている登場人物たちの設定を理解しよう ・それぞれの登場人物に関する描写に着目し、どのような人物として描かれているかを検討する。 ・「私」に関しての分析を中心に行う。	言　動 服装・小道具 反復表現	具体化　比較 抽象化

5	■「私」の考え方を批評しよう ・「私」の考え方は「他者依存」であるのか否かを検討する。 ・現在の自分と比較して、「私」を批評する。		論証 比較

3．第4時授業展開プラン

学習課題 物語に描かれている登場人物たちの設定を理解しよう

1）押さえたい観点と思考モデル

　本時は、「私」を中心に、「ルントウ」「ヤンおばさん」「母」「ホンル」「シュイション」がどのような人物として描かれているかを整理していきます。

　このときに押さえたい観点として代表的なものに 言動 服装・小道具 反復表現 があります。「ルントウ」や「ヤンおばさん」についての描写は細かくなされていますので、その場面に一度しか登場しないものは 服装・小道具 何回か登場するものについては、 反復表現 として整理し、生徒に伝えます。「ホンル」や「シュイション」については 服装・小道具

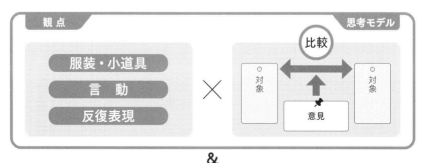

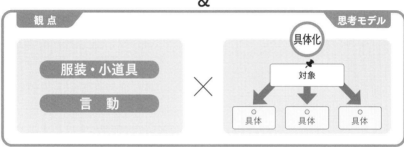

言動 を観点にします。 服装・小道具 や 言動 については「具体化」の思考を働かせ、取り上げた描写から言えることを分析させます。 反復表現 については「比較」させ、変化を読み取っていきます。各自で、考えてみたい人物を選択すると共に、使ってみたい観点と思考モデルを選択し、個人追究します。その後、協働追究する中で各自の追究した結果を伝え合っていきます。

2）授業展開

導入

● 学習課題の設定

　「私」の考えを批評するという本単元の中心となる課題を確認したうえで、批評するには「私」を含めた登場人物がどのような考え方をしていたのかを知る必要があるという本時の意味合いを確認します。「私」の考えを批評するのでしたら、「私」についてだけ考えれば良いのではと考えられますが、「私」の考えは他の登場人物の考えを知ることにより、際立つことを説明し、「私」「ルントウ」「ヤンおばさん」「母」「ホンル」「シュイション」の設定を読み取ることへの必要感をもたせます。

● 観点と思考モデルの設定

　①観点の設定

　　　登場人物の確認をした後、観点を設定していきます。

　　　ヤンおばさんの「纏足用の底の高い靴」のような登場人物の 服装・小道具 、ホンルの「伯父さん、僕たち、いつ帰ってくるの」のような 言動 反復表現 、ルントウの「顔」を形容した「艶のいい丸顔」、「黄ばんだ色」のような 反復表現 を観点とします。一度限りしか登場しない「纏足用の底の高い靴」といったものは 服装・小道具 とします。「紙包みと長いきせる」のように一度しか登場はしませんが、「ルントウの持ち物」という観点で見ると、少年時代のルントウの持ち物として「鉄の刺叉」を見付けることができるものは 反復表現 として扱います。

　②思考モデルの設定

　　　続いて、思考モデルを設定していきます。

　　　基本的に、 服装・小道具 についてはその言葉が意味するものを「具体

化」する思考を使い、分析していきます。

　反復表現 については「比較」を使って、変化を見ていきます。

　言動 は一度しか出てこないものについては「具体化」を使い、「ル
ントウの言葉遣い」のように観点を設定すると 反復表現 となるもの
は、「比較」を使って、変化を見ていきます。

　　生徒には、取り上げる人物、使う観点、思考モデルの選択を任せ、自
　分が取り組んでみたい追究の仕方で取り組ませます。

個人追究

　各自で、思考モデルを使いながら、自分の考えを作っていきます。

　必要に応じて、思考モデルの具体を示し、活動へのイメージを描きやすく
します。

「シュイションの設定」

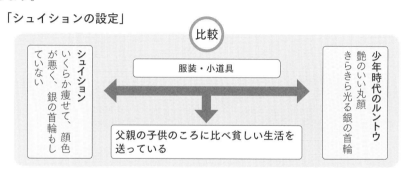

３）板書

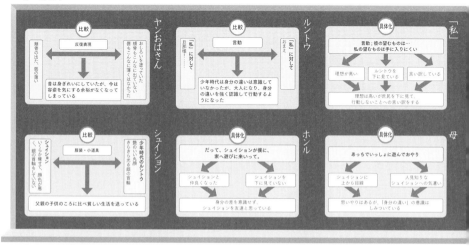

シュイションについては、ルントウの少年時代に比べて貧しくなっていることが分かります。一方、「人見知り」という観点でルントウの少年時代とシュイションを比較すると、ルントウは「彼は人見知りだったが」と書かれ、シュイションは「私」と会った時に、ルントウ「の背に隠れていた」と書かれているように、人見知りであることは共通していることが分かります。更に言葉遣いで両者を比較すると少年時代のルントウは「私」に対して敬語を使っていませんし、シュイションも「ホンル」に対して「家へ遊びに来いって」と述べていることから、同等の立場と考えていることが分かります。

「『私』の設定」

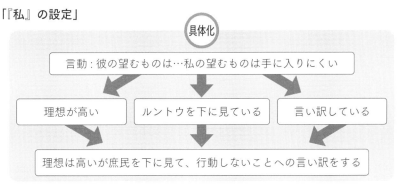

具体化

言動：彼の望むものは…私の望むものは手に入りにくい

理想が高い　　ルントウを下に見ている　　言い訳している

理想は高いが庶民を下に見て、行動しないことへの言い訳をする

協働追究　協働追究

　各自で登場人物、観点、思考モデルを選択し、個人追究していきます。

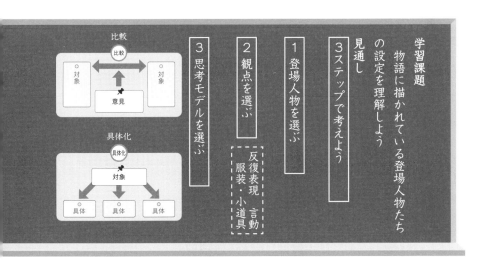

その後、各自が追究したことを、登場人物別に発表させます。このとき、発表し合うだけではなく、三つのことを大切にします。一つは、各自が述べていることの妥当性を検討することです。二つは、生徒が追究したことを総合して、各人物の設定を端的にまとめていくことです。三つは、各人物が「私」に与えていた影響を考慮したうえで、「私」の設定を決め出していくことです。

4．第5時授業展開プラン

| 学習課題 | 「私」の考え方を批評しよう |

1）押さえたい観点と思考モデル

　本時は、「でくのぼうみたいな人間」になってしまった「ルントウ」の姿を嘆き、「希望をいえば、彼らは新しい生活をもたなくてはならない。私たちの経験しなかった新しい生活を。」と述べる「私」を、一旦、批評します。

　そのうえで、二つの点からもう一度、「私」に対する見方を揺さぶります。一つは、「ルントウ」の言動には「他者依存」の傾向がみられるが、現在の自分は「他者依存」ではないのかの検討です。もう一つは、「ルントウ」は本当に「他者依存」なのかの検討です。このことについて二つの観点から追究します。一つは結末の場面での「私」の思考の流れです。結末の場面で、「私」の思考は、自分の考えに対する肯定、否定を繰り返す中で深まっていきます。

　その結果末尾の二文「もともと地上には道はない。歩く人が多くなれば、それが道になるのである。」に至ります。ここには最初の一歩を踏み出す者は誰なのかが記されてはいません。従って、最初の一歩を踏み出す者がホンルやシュイションたちの世代と取ることもできますし、考えが深まった「私」自身が最初の一歩を踏み出そうと思っているのかも知れません。「私」が最初の一歩を踏み出そうと考えているとすると、「私」は「他者依存」ではないと言えます。もう一つは、「ルントウ」が「でくのぼうみたいな人間」になってしまった原因として、「子だくさん、凶作、重い税金、兵隊、匪賊、役人、地主、みんな寄ってたかって彼をいじめて」と挙げていたり、若いときとはすっかり変わってしまった「ヤンおばさん」の姿を取り上げていたりすることそのものについての検討です。「私」が「他者依存」であるとするなら、

114

そもそも社会の問題点を挙げることはできないでしょう。社会に問題が数多くあるということを嘆くこと、社会に存在する多くの問題を浴びた結果としての姿を示すこと、それらのことそのものが、「私」が「他者依存」ではないと考えられます。

　授業は3段階で進めます。まず、「私」の言動を観点として、「論証」の思考モデルを使い、「私」を批評します。次に、生徒の置かれた状況と「私」の置かれた状況の「比較」、或いは、「私」が教材文末尾で語っている「道」を作るものは誰か、社会状況について述べている箇所の意味の「具体化」を、生徒に選択させ、追究させます。3段階目は、2段階目で検討したことを基にして、再び「論証」の思考モデルを使い、「私」を批評します。

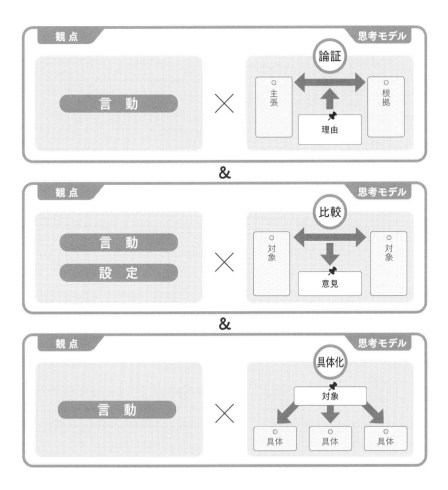

２）授業展開

導 入

●学習課題の設定

　本時は、いよいよ本単元の目的であった「私」の考えを批評することを確認します。

●観点と思考モデルの設定

　まず、「私」の **言動** を観点として、「論証」の思考モデルを使い、「私」の考えを各自で批評することを伝えます。

個人追究 **協働追究** → **個人追究**

　結末の場面での「私」の思いのほかにも、「ルントウ」が苦しい生活を送る原因を挙げた箇所に着目し、「苦しみを与える者は多く挙げているが、解決することを考えていない」ことを理由として、「私」は、「問題点は認識で

３）板書

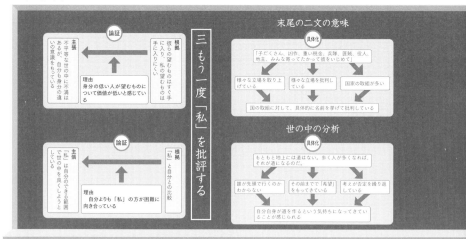

116

きるけれども、行動に結び付かない」と考える生徒もいます。

　協働追究で、お互いが考えたことを述べ合います。「私」に対して「他者依存」という考えが出されてきたところで、「私」は本当に他者依存なのかについて追究を進めていきます。」私と「故郷」を読む自分との「比較」、「道」を作る者の「具体化」、社会状況について述べている箇所の意味の「具体化」の中から選択し、各自追究していきます。

「私」と「故郷」を読む自分との比較

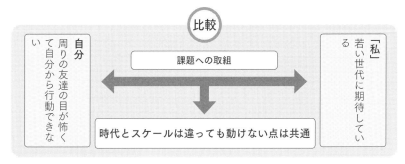

協働追究 → 個人追究

　各自が追究したことを発表し合い、見いだした「私」の姿をもとに改めて「私」を批評します。

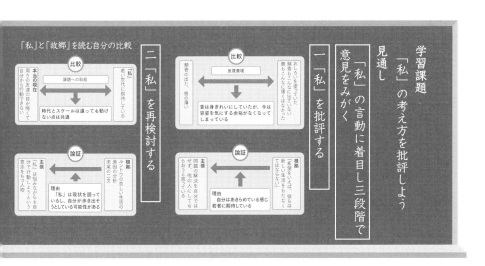

オオカミを見る目はなぜ変化したのだろうか

◉特に押さえたい観点
助詞・助動詞・補助動詞
反復表現

◉特に活用したい思考モデル

1. 教材の概要

　本教材は、東京書籍の説明的文章を扱った単元としては、生徒が中学校に入り最初に学ぶものになります。一般に、説明的文章を学習する際には、まず、文章全体を序論・本論・結論に分ける活動が行われます。三つに分ける活動をはじめに行う理由は、筆者はどのようなことに問題意識をもち、どのようなことを結論として述べているかを知るためです。

　説明的文章を読んでいく際には、筆者の問題意識と結論を意識していくことで、現在自分が読んでいる箇所が、問題解明のどの辺りかということを認識することができます。そうすることによって、説明内容を読み手の頭の中で構造化することができ、説明内容の確実な理解へとつながります。

　また、説明的文章を学習する際の大きな目的として、「説明の仕方」を知るということもあります。「説明の仕方」を知ることで、今度は自分が説明文を書くときに使える説明の骨格を学ぶことができます。

　しかし、実際には教科書に掲載されている文章でも、序論・本論・結論の区別がきれいに段落分けをされて行われていないものも多くあります。そうなると、説明的文章の基本を学び、使うことができないのですが、本教材の場合は、まず、序論・本論・結論の区切りが大変明確です。また、本論と結論の区切りも大変分かりやすいです。

　そして、本論の説明は、ヨーロッパと日本との比較について書かれた箇所では、「比較」思考が用いられ、また、日本国内でのオオカミに対する見方の変化については「因果」思考が用いられています。

　本教材では、説明的文章のオーソドックスな構成を学べると共に、比較や

因果などの思考を働かせ、伸ばすことができます。

2．単元展開

時	■学習課題／・学習活動	主な観点	思考モデル
1	■文章を読み、感想をもとう ・「オオカミ」に対する印象を出し合う。 ・全文を音読する。 ・教材文で説明されている「オオカミに対する見方」を自分がもっていた「オオカミに対する見方」と比較して、思ったことを出し合う。 ・各自の捉えた、教材文に書かれている「オオカミに対する見方」を確実に理解するという単元を通した追究課題をまとめる。	反復表現	論証
2	■文章を内容のまとまりで分けよう ・内容の変化に着目しながら、修飾語・接続語、助詞・助動詞・補助動詞を観点として、文章全体を「序論・本論・結論」の定義に沿って3つに分ける。 ・本論を、反復表現を意識しながら、大きく二つに分ける。	反復表現 助詞・助動詞・補助動詞 修飾語・接続語	定義　比較
3	■「本論」で説明されている内容を整理しよう ・日本とヨーロッパのオオカミに対する認識の違いをまとめる。 ・日本人のオオカミに対する認識の変化をまとめる。	反復表現	比較　因果
4	■読み手を引き付ける筆者の工夫を見付けよう ・読み手に向けて呼び掛けている表現を見付ける。 ・接続語がある場合とない場合とを比	文末表現 助詞・助動詞・補助動詞 修飾語・接続語 反復表現	因果　比較

較して、接続語が多用されている効果を話し合う。

・文末表現を常体にした場合と比較して、文末表現が敬体で書かれていることの効果を話し合う。

・どのような具体例が取り上げられているかに着目し、具体例の内容の効果を話し合う。

３．第３時授業展開プラン

学習課題 「本論」で説明されている内容を整理しよう

１）押さえたい観点と思考モデル

　本時は、本論で使われている「説明の仕方」を使って、本論の内容を整理していきます。

　本論の前半で使われている説明の仕方は、ヨーロッパと日本との「比較」です。農家が飼育していたヒツジを襲うオオカミを忌み嫌ったヨーロッパと、農作物を荒らすイノシシやシカを駆除してくれるオオカミを自分たちの味方と位置付けた日本が対比的に説明されています。また、宗教的な面からも対比的な説明がなされています。本論の後半では、江戸時代中期以降、狂犬病や西洋文明の移入等により、オオカミに対する見方が大きく変わったことが「因果」を使って説明されています。 反復表現 であるオオカミに着目させ、接続語等を手掛かりにしながら、本論で使われている思考モデルにそって内容を整理していきます。

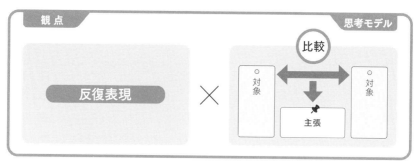

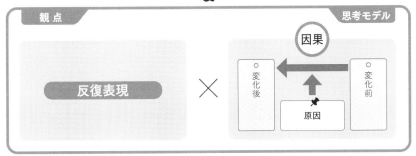

2）授業展開

導入

●学習課題の設定

　第一時での感想から、生徒は「オオカミに対する見方」を確かに理解しようという課題意識をもっています。前時は、序論と結論で「オオカミに対する見方」が「置かれた社会状況によって異なり、変化する」という大まかな整理をしています。本時では、その具体を理解するという目的で本論の内容を読み取っていくという意識をもたせ、学習課題「本論で説明されている内容を整理しよう」を設定します。

　学習課題設定後は、まず、本論を大きく二つに分けます。接続語に着目すると本論1は「まず」で始まり、本論2は「では、次に」で始まります。本論1と本論2に分けた後、まず、本論1についての整理を行っていきます。

●観点と思考モデルの設定

　①観点の設定 - 1

　　　本論1には「ヨーロッパ」「日本」「オオカミ」の語が繰り返し登場します。それらの語を大きな観点 反復表現 として取り上げます。

　②思考モデルの設定 - 1

　　　本論1は「日本」と「ヨーロッパ」のオオカミに対する見方が対比的に書かれています。そこで、思考モデルとしては、「比較」を取り上げます。

個人追究　　協働追究

　まず、「比較」で整理するモデル学習を行った後、各自で分析していきます。

その後、グループでの練り上げを行ってから、全体追究に入ります。

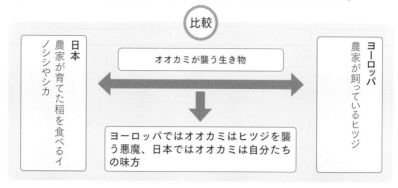

①観点の設定 – 2

　　ヨーロッパと日本の比較をまとめたら、「日本人のオオカミに対する
　　見方の変化」についてまとめていきます。「日本人のオオカミに対する
　　見方の変化」については、大きく二つの事例が述べられています。二つ
　　のまとまりを押さえ、観点の設定を行います。 反復表現 「オオカミ」
　　に着目してみていきます。

3）板書

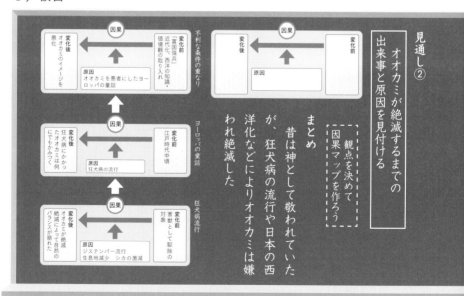

122

②思考モデルの設定－2

　思考モデルは「因果」です。本論2の二つの事例では、どのような原因によって、オオカミが嫌われ、結局絶滅してしまったのかについてまとめ、さらに二つの事例だけではなく、ほかにも因果関係を整理できるところがないか考えさせます。

個人追究　**協働追究**

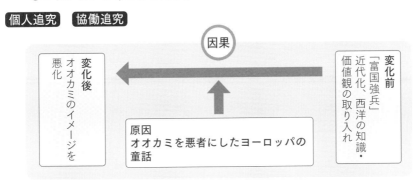

　まず、「因果」で整理するモデル学習を行った後、各自で分析していきます。その後、グループでの練り上げを行ってから、全体追究に入ります。

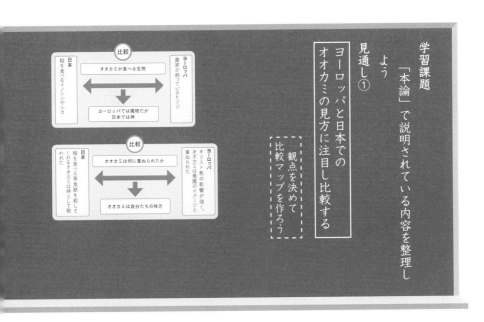

筆者の考えに対する自分の意見をもとう

●特に押さえたい観点
接続語
反復表現

●特に活用したい思考モデル
定義　比較　帰納　論証　抽象化

1. 教材の概要

　一般的には、何かと「便利」な世の中の方が良いと思われますが、筆者は「不便」、つまり、『何かをするときにかかる労力が多いこと』の中に価値を見いだしています。それは、例えば、今では電子メールやＳＮＳで離れている相手とも簡単に交流ができる、しかし、かつての「手紙」を使った文通の方が、手間がかかり、時間がかかる分だけ価値があるという、いわば、美しい過去を懐かしむというものではありません。現代社会において、敢えて労力を多くすることによることの良さが「ライン生産方式」と「セル生産方式」のように対比的に述べられています。便利であることは良いことだと思っている生徒にとっては、新鮮な考えに触れることができます。

　本教材から生徒に意見をつくらせていくには、まず、文章の内容や説明の仕方を確実に理解させる必要があります。そのうえで、筆者が述べていることに対する意見をつくるのですが、生徒の多くには、教科書に書かれていることに対しては、「なるほど、確かにそうだな。」というように素直に納得する傾向があります。そこで、二つのことを行います。まず、意見をつくる対象としては基本的に筆者の挙げている事例とします。これは、具体に対しての意見をもつ方が抽象に対してよりも考えやすいからです。

　二つは、「立場」を決めることです。これは筆者の考えに対する「賛否」という意味ではありません。例えば、「介護施設にバリアを設ける」事例に対して、「自力歩行が完全にできる方」とそうではない方では、筆者の考えに対しての見解の違いがあることが予想できます。

　生徒の個人的な感覚を基にして考えるのではなく、立場を設定させること

により、筆者の述べていることに対して多面的にみることができます。そうすることで、安易に筆者の述べていることに賛同することから免れます。

　また、「敢えて不便な状態を作り出す」ことは、その目的を考えてみれば、不便な状態に置かれた人を苦しめるわけではなく、いわばより良い姿へと導くためであることです。広く捉えると、便利も不便益も行きつく先は同じです。このように不便益の「目的」を意識させて意見をつくらせることも、筆者に従順な姿の表明を回避していくためには効果的です。

２．単元展開

時	■学習課題 ／・学習活動	主な観点	思考モデル
1	■文章を読み、感想をもとう ・「便利な世の中と不便な世の中とどちらがいいか」話し合う。 ・筆者は便利と不便に対してどう考えているかを読み取るという意識で教材文を音読する。 ・初読の感想を書き、交流する。 ・「筆者の考えに対する自分の考えをもつ」という単元を通した追究課題を設定する。	反復表現	論証
2	■「不便益」とは何かを理解しよう ・文章全体を序論・本論・結論に分ける。 ・序論と結論の内容を端的にまとめる。 ・三つの事例から不便と便利の対比を整理して、不便益の具体を読み取る。	反復表現 助詞・助動詞・補助動詞 修飾語・接続語	定義　比較 抽象化
3	■文章全体を要約しよう ・「話題－不便益の説明－結論」のフォーマットを理解する。 ・タブレット端末に、序論と結論を端的に書き込む。 ・三つの事例の内容をまとめた箇所を見付け、端末に書き込む。	反復表現 助詞・助動詞・補助動詞 修飾語・接続語	抽象化　帰納

	・文字数の調整をし、読み合う。			
4	■筆者の考えに対する自分の意見をもとう ・「立場」を加えた論証の型を理解する。 ・各自で意見を考える。 ・各自で考えたものを交流し合う。	反復表現	論証	比較

3．第3時授業展開プラン

学習課題 筆者の考えに対する自分の意見をもとう

1）押さえたい観点と思考モデル

　本時は、「不便益」の良さを語る筆者の考えに対する自分の考えをもたせ、それを交流し合うことによって、お互いの考えを広げていくことをねらいます。

　生徒の考えは「根拠 – 理由 – 主張」の三つの要素で「論証」の思考モデルを使って表すようにします。

　その際、大きくは二つの方法を使います。一つは「立場」を設定した考えです。生徒自身というよりも、様々な立場の方を想定して筆者の考えを検討した方が、筆者の考えに対して多様な考えをもつことが期待されます。二つは、筆者の考えの見地よりも更に高次からの考えをつくることです。不便益の目的から筆者の考えを検討するというものです。不便益とは、「『不便』益」という名称故に、不便であることが良いという逆説的な考え方のようにみえますが、結局は「便利」と同様に、人の生活等をより良くするための取組です。不便益のもつ目的に照らし合わせてみることで、筆者の考えを、より相

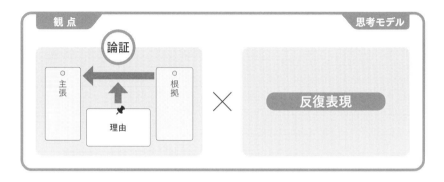

対化して捉えることができます。

2）授業展開

【 導 入 】

●学習課題の設定

　まず、「筆者の考えに対する自分の意見をもつ」という本単元の課題を確認します。筆者の考えに対する自分の意見をもつには、まず、筆者の考えを正確に理解する必要があることを確かめ、前時までに生徒は、教材文の要約を済ませ、確実に内容の理解をしていることを振り返らせます。そのうえで、本時の学習課題「筆者の考えに対する自分の考えをもとう」を設定していきます。

●観点と思考モデルの設定

　①観点の設定

　　　本時は二つの追究方法を選択させます。一つは、 立場 を設定して、その立場の人にとっての「不便益」の是非について考えていくものです。本論に登場する三つの事例に着目します。もう一つは、不便益の 目的 に着目するものです。

　②思考モデルの設定－1

　　　筆者の考えを取り出して、理由付けをして意見を作るという一連の活動には「論証モデル」を使います。「論証モデル」を使うことで、筋道立てた思考を意識するようにもなります。

【個人追究】　【協働追究】

　まず、論証マップの作り方について考えさせていきます。

　筆者の考え方は、受け取る立場の人によって賛成であったり、反対であったりする可能性があることを、介護施設の利用者等を引き合いに出し、共通理解させます。立場によって、筆者の考えに対して賛否があって構わないということを共有させます。また、「不便益」の目的に照らし合わせてみて、筆者の考え方について賛否を考えるよう指示します。各自で取り組んでみたいことについて考えていきます。

　同じ徒歩による移動に関する筆者の考えを基にして意見を作っても立場に

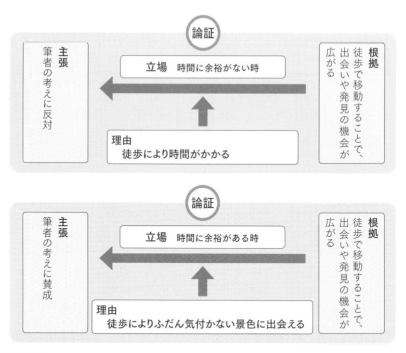

3）板書

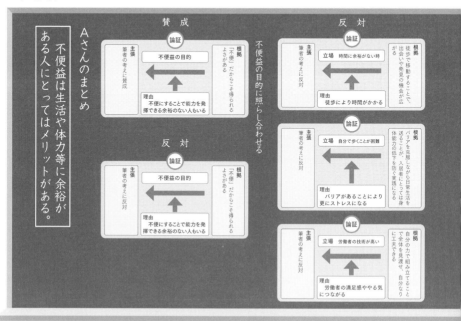

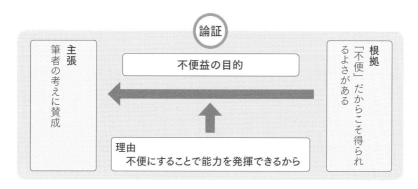

　よって、賛否が分かれます。本論に挙げられていた事例に関して、立場を決めて検討したものを協働追究の中でお互いに知るようにしていきます。

　また、「不便益」の目的に照らし合わせて、筆者の意見を検討したものも発表させます。

　このような活動を通して、お互いの考え方を広げ合います。

まとめ

　改めて筆者の考えに対する意見をまとめさせます。

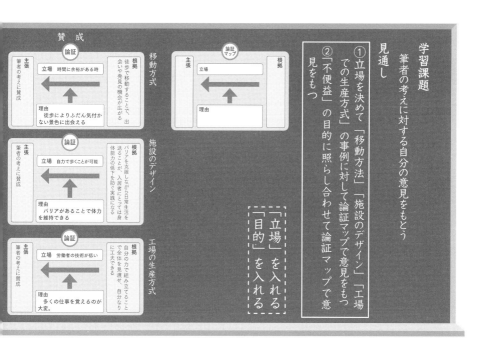

イースター島と現代の地球は同じ状況なのか

●特に押さえたい観点
接続語　文末表現
反復表現

●特に活用したい思考モデル
定義　比較　抽象化　因果　論証

1. 教材の概要

　本教材で筆者は、イースター島の文明が崩壊した過程を現代の状況と重ね合わせ、環境や資源の大切さを訴えかけています。筆者の論理の展開の仕方として次の二つの概念的思考が読み取れます。一つは、因果思考です。5世紀にイースター島にポリネシア人が渡ってきてから、イースター島にモアイ像に代表される文明を築き、やがてそれが崩壊するまでの過程を次のような因果関係によって論じています。

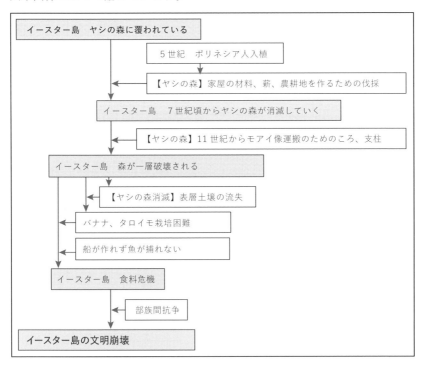

このようにひとつの結果が次の状態の原因になるという因果の連鎖を繰り返して、イースター島の文明が崩壊していったいきさつが説明されています。
　二つは比較思考です。次のようにイースター島の文明が崩壊していった過程と現代の地球の置かれている状況の共通点が示されています。

　ここで気になるのは、イースター島では森林の破壊が文明崩壊の原因になったとしているのに対し、現代の地球に関しては農地が足りないことにより飢餓が発生すると述べられていることです。イースター島と現代の地球の状況は、一見類似しているように思えるのですが、本論で述べてきたイースター島の事例とずれている観点で現代の地球の状況が述べられています。
　イースター島の文明が崩壊した原因についてまとめさせたうえで、現代の地球の状況とイースター島の文明崩壊との比較が述べられている箇所について検討させます。そうすることで、論理の飛躍に気付かせると共に、どのように書いたら、より適切であるかを検討させていきます。

2．単元展開

時	■学習課題／・学習活動	主な観点	思考モデル
1	■文章を読み、感想をもとう ・「イースター島」「モアイ像」について知っていることを出し合う。 ・「モアイはどんなことを語っているのだろうか」を読み取るという意識で教材文を音読する。 ・初読の感想を書き、交流する。 ・「イースター島と現代の地球は同じ状況なのか」という単元を通した学習課題を設定する。	反復表現	論証
2	■イースター島の文明はどうして崩壊したのだろう ・文章全体を序論・本論・結論に分ける。 ・序論と結論の内容を端的にまとめる。 ・イースター島の文明が滅びていった過程をまとめる。	反復表現 助詞・助動詞・補助動詞 修飾語・接続語	定義　因果
3	■かつてのイースター島と現代の地球は同じ状況といえるだろうか ・筆者が、イースター島の文明と現代の地球が共通していると述べている事柄をまとめる。 ・イースター島の状況と地球の状況を比較する。 ・筆者の論の展開に対する意見をもつ。	反復表現	比較
4	■筆者の主張に対する自分の意見をもとう ・イースター島の記述はあるが現代の地球の記述がないものについてどのようなことが入るのか調べる。 ・欠けていた所を補ったうえで、筆者の意図を考え、筆者の主張に対しての意見をもつ。 ・全体で共有する。	反復表現	論証　比較 抽象化

3．第3時授業展開プラン

学習 課題 イースター島と現代の地球は同じ状況なのだろうか

1）押さえたい観点と思考モデル

　本時は、まず、イースター島と現代の地球の「人口」や「農耕地」に関する記述をいったん 変化する反復表現 として捉え、「人口」「農耕地」を観点として、筆者が「比較」している箇所を取り出します。そのうえで、両者の比較は適切なのかを吟味していきます。

　また、適切さに課題があるとした場合、どのようにすれば、適切な比較となるのかについて考えていきます。

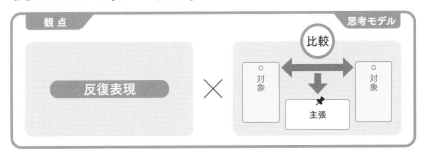

2）授業展開

導 入

●学習課題の設定

　まず本単元での中心課題の「イースター島と現代の地球は同じ状況なのだろうか」を確認し、本時は中心課題を解決する時間であることを意識させ、学習課題を設定します。

●観点と思考モデルの設定

　①観点の設定

　　イースター島と現代の地球はそれぞれどのような観点で共通しているかを生徒から出させます。「農耕地」「人口」等の 反復表現 を出させ、観点の取り出し方を意識させます。

　②思考モデルの設定

　　「農耕地」や「人口」の点からイースター島と現代の地球に関する叙

述を取り出し、「比較」します。一斉指導で「農耕地」等を扱い、どのようにしたらよいかを共通理解させたうえで、個人追究に入らせます。

個人追究　**協働追究**

　各自で観点を設定して、イースター島と現代の地球との共通性をみていきます。その後、全体追究を行い、各自が作成した思考モデルを共有していきます。このときに、イースター島と現代の地球、両方ともに記述されている箇所と、そうではない箇所があることに気付かせていきます。

　思考モデルを作る際に、片方には記述があるけれど、もう片方には記述が

3）板書

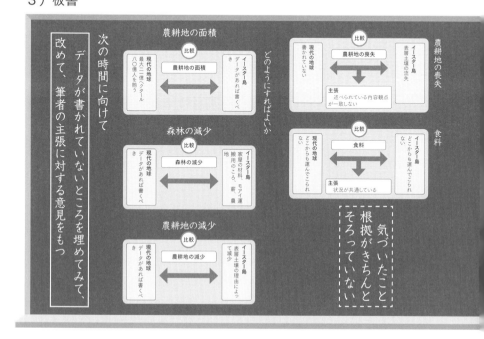

ないといった箇所を見付けさせていき、「森林」については、イースター島では、森林がなくなっていった経過が詳しく書かれているのに対して、現代の地球では、日本の森林面積は書かれているものの、世界中の森林の具体的な面積が書かれていないことや、森林が減少傾向にあることは書かれていないことに気付かせます。また、イースター島の農耕地が減少していった直接的な理由は表層土壌の流失と書かれていますが、現代の地球では、農耕地が何らかの理由で減少しているという記述はありません。さらに、モアイ像を運ぶために木材を消費したというイースター島の「文明」に比する現代の文明が見落としていることについての記述もありません。筆者の、過去のイースター島の文明が崩壊したことを基にして、現代の地球に関しても資源保護を訴えるということそのものは正しいのですが、論の展開としては問題点が多いことに気付かせていきます。そのうえで、根拠が揃うには、イースター島の記述、現代の地球に関して両方ともにどんなことが書かれていれば良いのかを検討していきます。そして、次時では現代の地球に関しての記述がないところを埋めてみた上で、改めて筆者の主張への意見を作ります。

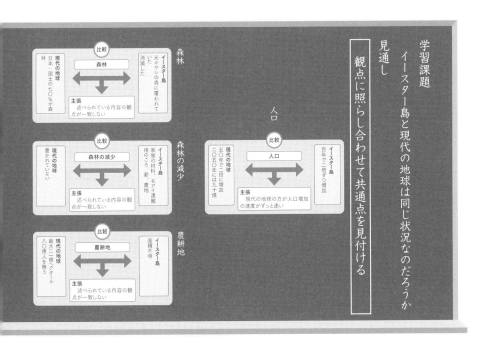

論理展開の意図を探ろう

●特に押さえたい観点

接続語 　助詞・助動詞・補助動詞

反復表現

●特に活用したい思考モデル

定義 　比較 　抽象化 　具体化 　論証

1．教材の概要

　学習指導要領「読むこと」領域の指導事項として、「C(1)エ　観点を明確にして文章を比較するなどし，文章の構成や論理の展開，表現の効果について考えること」があります。「黄金の扇風機」と「サハラ砂漠の茶会」の二つの文章からなる本教材では、それらを比べて読むことを通して、それぞれの文章の論理展開等の違いを浮き彫りにしていきます。文章単独で読むことによっても、それぞれの文章の論理展開の仕方の特徴を掴むことができますが、比較対象があることで、さらにそれぞれの文章の個性は際立ちます。

　「黄金の扇風機」は、筆者のエジプトでの生活で体験した、エジプト人の美に対する感覚の変化を根拠にして、双括型で「美しさとはさまざまであり、しかも、それは変化する」と一旦主張しています。そのうえで、エジプトの趣味の傾向の変化に対して、欧米の文化の価値観が支配的になってしまうことを危惧しています。

　一方、「サハラ砂漠の茶会」は、筆者のサハラ砂漠で体験したことから始まり、音楽が万国に共通であることや、遊牧民が旅行者に花をプレゼントしたときにお互いが感じた「美しさ」を根拠として、「美しいものは誰が見ても美しい」、また、「『美』は『人間は皆同じである』ことを教えてくれる」と主張しています。この主張の根底には、宗教や政治や思想の違い、経済格差の問題による「人間は皆同じである」という感覚の欠如に対する問題意識が根底にあります。

　それぞれの文章の述べ方は異なりますが、欧米の文化をはじめとする特定の価値観に人々の感覚が流されてしまうことを危惧していることは共通しています。

それぞれの文章の主張、論理展開のポイントをまとめると次のようになっています。

黄金の扇風機	大きな主張	サハラ砂漠の茶会
心をしなやかにもつことにより世界はいくらでも新しい美しさを見せる	**大きな主張**	美は「人間は皆同じである」ことを教えてくれる
美しさとはさまざまであり、しかも、それは変化する	**事例からの主張**	美しいものは誰が見ても美しい
2	**事例の数**	3
体験を時系列に並べている	**事例の配列**	個人的な体験を述べ、類似した例として音楽を取り上げ、体験に戻る
黄金の扇風機等の具体事例から帰納している。 エジプトの趣味の変化を欧米文化が原因と分析している	**理由付けの仕方**	具体的な体験に音楽の事例を定義付けの形で用いて主張を述べている
欧米の文化が支配的になること	**問題視していること**	宗教などの影響で「人間は皆同じである」という感覚が欠如し始めている

「黄金の扇風機」は、時系列に並べた事例から帰納的に主張を述べています。また、エジプト人の趣味の変化を欧米文化が原因と因果の思考を用いています。

一方、「サハラ砂漠の茶会」では、筆者の個人的な体験を述べ、音楽に対する感覚の共通性を定義付けの形で用い、再び別の個人的な体験を挙げることで、説得力を高めています。

2．単元展開

時	■学習課題 ／ ・学習活動	主な観点	思考モデル
1	■文章を読み、感想をもとう ・「美」とは世界共通か否かについて考えを出し合う。 ・二つの文章を読み比べて、それぞれの内容や書き方の特徴を掴むという単元を通した追究課題をもつ。	反復表現	論証
2	■「黄金の扇風機」の内容を理解しよう ・文章全体を序論・本論・結論に分ける。 ・序論と結論の内容を端的にまとめる。 ・どのような具体例からどんな主張を導いているのかを整理する。	反復表現 助詞・助動詞・補助動詞 修飾語・接続語	定義 具体化 抽象化
3	■「サハラ砂漠の茶会」の内容を理解しよう ・文章全体を序論・本論・結論に分ける。 ・序論と結論の内容を端的にまとめる。 ・どのような具体例からどんな主張を導いているのかを整理する。	反復表現 助詞・助動詞・補助動詞 修飾語・接続語	定義 具体化 抽象化
4	■二つの文章の違いを見付けよう ・観点を決めて、二つの文章を読み比べる。 ・述べ方の違いによってどのような効果があるのかについて分析する。	反復表現	比較
5	■「美」とは世界共通かを考えよう ・以下の三つの立場から選択し、自分の考えを書く。 　●二つの文章のうち共感した方の立場に添う。 　●二つの文章の主張を折衷した立場 　●二つの文章双方を批判した立場 ・論理展開は二つの文章の何れかに倣う。 ・各自が書いた文章を読み合い、意見交換する。	反復表現	論証

3．第3時授業展開プラン

学習課題「サハラ砂漠の茶会」の内容を理解しよう

1）押さえたい観点と思考モデル

　本時で働かせる観点には「美」のような **反復表現** があります。さらに、比較の観点として、**主張** **事例の数と配列** **理由付けの仕方** **問題視していること** といった点が挙げられます。

　思考モデルは「比較」を使います。

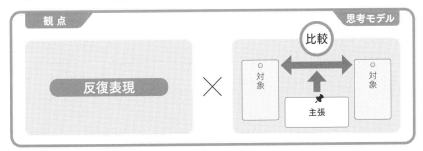

2）授業展開

導入

●学習課題の設定

　まず本単元での中心課題の「二つの文章を読み比べて、それぞれの内容や書き方の特徴を掴む」を確認し、本時は特に論理展開について比較する時間であることを意識させ、学習課題を設定します。

●観点と思考モデルの設定

　①観点の設定

　　二つの文章を比較する具体的な観点としては、**文末表現** といったこともありますが、今回は、**主張** **事例の数と配列** **理由付けの仕方** **問題視していること** の四つに絞ります。四つに絞ることで、二つの文章の問題意識や論理展開に関する共通点や相違点を焦点化して追究させていきます。どのような観点を設定するか生徒に尋ねてから、不足するものについては教師が示します。

②思考モデルの設定

　本時は、二つの文章の比較をするわけですので、思考モデルを「比較」とします。文章から叙述を取り出す観点としては、観点は「主張」「事例の数と配列」「理由付けの仕方」「問題視していること」とします。

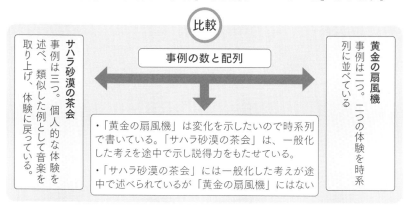

比較

事例の数と配列

サハラ砂漠の茶会
事例は三つ。個人的な体験を述べ、類似した例として音楽を取り上げ、体験に戻っている。

黄金の扇風機
事例は二つ。二つの体験を時系列に並べている

・「黄金の扇風機」は変化を示したいので時系列で書いている。「サハラ砂漠の茶会」は、一般化した考えを途中で示し説得力をもたせている。
・「サハラ砂漠の茶会」には一般化した考えが途中で述べられているが「黄金の扇風機」にはない

個人追究　**協働追究**

　「主張」「事例の数と配列」「理由付けの仕方」「問題視していること」のうちから追究してみたい観点を生徒に選択させます。

　比較する際には、「どちらの方がより○○」や「両方とも◇◇」、或いは、「●●には△△のことがあるけれど、■■には書かれていない」等といった例を

３）板書

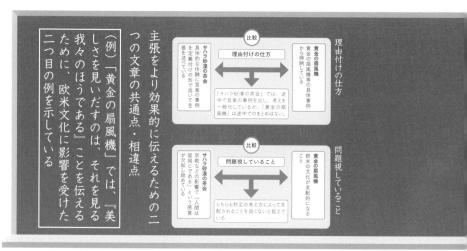

比較

理由付けの仕方

サハラ砂漠の茶会
具体的な体験に音楽の事例を定義付けの形で用いて主張を述べている

黄金の扇風機
黄金の扇風機等の具体事例から締めている

「サハラ砂漠の茶会」では、途中で音楽の事例を出し、考えを一般化しているが、「黄金の扇風機」は途中でのまとめはない。

比較

問題視していること

サハラ砂漠の茶会
宗教などの影響に「人間は皆同じである」という感覚が欠如し始めている

黄金の扇風機
欧米の文化が支配的になること

どちらも特定の考え方によって支配されることを良くないと捉えている

理由付けの仕方

問題視していること

（例）「黄金の扇風機」では、『美しさを見いだすのは、それを見る我々のほうである』ことを伝えるために、欧米文化に影響を受けた二つ目の例を示している

主張をより効果的に伝えるための二つの文章の共通点・相違点

140

示し、比較した際に考えたことを書きやすくします。

　個人追究の後は、同じ観点を選んだ生徒同士で考えの発表と意見交換をし、考えを確かなものにしていきます。

　その後全体追究に移ります。全体追究では、それぞれの観点から分析した意見を出し合い、二つの文章の論理展開の特徴について理解し合っていきます。特に生徒の理解につまずきが見られるところとして、「黄金の扇風機」での事例と筆者の主張との整合があります。それは、「美しさはさまざまであり、しかもそれは変化する」ということに対して、エジプトの趣味の変化の事例を肯定的に捉えていないような書き方がされている点です。筆者は、柔軟な姿勢で美を感じることは肯定しており、特定の価値観に縛られてしまうことへの懸念を示し、自らの考えに限定をかけていることを「問題視しているところ」を手掛かりに考えさせていきます。

　四つの観点からの比較を聞き合った後、生徒たちには、改めて、二つの文章の違いは何かを問います。

　その際、例えば、「『黄金の扇風機』では、『美しさを見いだすのは、それを見る我々のほうである』ことを伝えるために、欧米文化に影響を受けた二つ目の例を示している」など、どのような工夫をしているかを考えさせていきます。

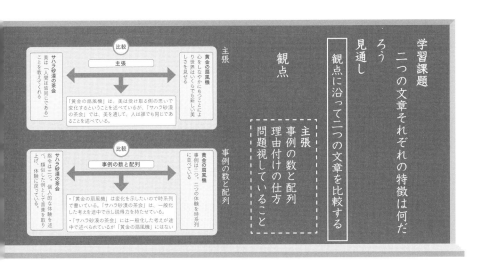

説得力を高めるための論理展開の工夫を知ろう

●特に押さえたい観点

> 接続語　　助詞・助動詞・補助動詞
>
> 反復表現

●特に活用したい思考モデル

> 定義　因果　比較　抽象化
>
> 具体化　論証

1．教材の概要

　本教材は、大きく三つの構成で書かれています。

　第一部では、まず、2003年の佐渡島での日本産トキの絶滅の例や、現在3600種以上の生物が絶滅の危機にさらされているという数値を挙げています。

　そのうえで、過去にも絶滅は起きていたにもかかわらず、「現代の」絶滅がどうして問題なのかということを提起しています。

　第二部では、まず、現代の絶滅と過去の絶滅を比較し、現代の絶滅の速さを挙げています。また、現代は人間の行為が生物に影響を与え絶滅につながっていることを指摘しています。そのうえで、生態系の仕組み、および、生態系の恩恵を具体的に示し、生態系のバランスを崩すことにつながる、生物の絶滅が人間への影響をもたらすと述べています。

　第三部では、筆者の考えに対する、絶滅しても構わない生物もいるのではないかという反論を述べた上で、生態系の複雑な仕組みを具体的に示し、再反論しています。

　説明のための主な思考モデルとしては、第一部では、ニホンオオカミなどの具体から数値への抽象、第二部では、過去の絶滅と現代の絶滅との比較、現代の絶滅に関する因果、生態系の仕組みと恩恵に関しての具体、第三部では、再反論の箇所での具体が用いられています。

　本教材は、典型的な説明的文章の型である頭括型、尾括型、双括型のいずれにも該当しない、第一部で問題提起がなされ、第二部の終わりで筆者の主

張を述べ、第三部は筆者の主張への反論、及び、再反論で終わるというスタイルを取っています。このようなスタイルの意図、効果等についても検討させることができます。

２．単元展開

時	■学習課題／・学習活動	主な観点	思考モデル
1	■文章を読み、感想をもとう ・「絶滅」した生物にはどのようなものがあるか出し合う。 ・絶滅することでどのような影響があるか考え合う。 ・教材文を読み、感想を書き、発表し合う。 ・文章に説得力をもたらすにはどのような論理展開をすると良いかという単元を通した追究課題を設定する。 ・教材文を、大きく三つのまとまりにわける。	反復表現	論証　定義
2	■「筆者の主張とその根拠」のまとまりを読み取ろう ・過去の絶滅と現代の絶滅を比較する。 ・現代の絶滅の原因を思考モデルにまとめる。 ・生態系の仕組みと恩恵を具体化する。	反復表現 助詞・助動詞・補助動詞 修飾語・接続語	比較　因果 具体化　抽象化
3	■「筆者とは異なる主張とその根拠、それに対する筆者の反論」のまとまりを読み取ろう ・反論の根拠を取り出す。 ・再反論の根拠として挙げられている二つのまとまりを具体化する。	反復表現 助詞・助動詞・補助動詞 修飾語・接続語	具体化
4	■教材文に用いられていた論理展開を使い、人間と自然との関わりに関する200	反復表現	論証　因果

字程度の意見文を書き発表し合う

・第一段落では、人間と自然のかかわりにおける問題点を述べる。

・第二段落では、因果思考を使い、人間と自然のかかわり方に関する自分の意見と根拠を述べる。

・第三段落では、具体・抽象の思考を使い、自分の意見に対する反論と再反論を述べる。

・お互いの文章を読み合う。

３．第２時授業展開プラン

学習課題 「筆者の主張とその根拠」のまとまりを読み取ろう

１）押さえたい観点と思考モデル

本時で働かせる観点には「生物」のような 反復表現 があります。

思考モデルは「比較」「因果」「具体」を使います

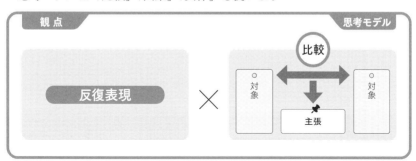

&

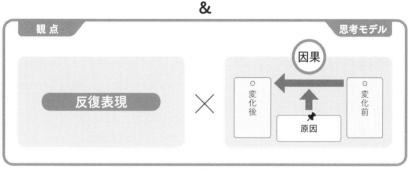

&

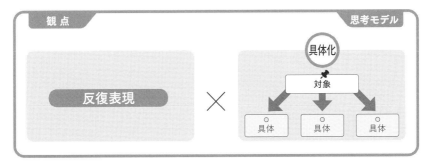

2) 授業展開

導入

●学習課題の設定

　本時は、第二部の「筆者の主張とその根拠」のまとまりを読み取ることを
まず確認します。はじめに第二部全体を通した筆者の主張を確認します。

　続いて根拠をまとめていきますが、第二部は長いので、「現代の絶滅と過
去の絶滅との比較」「現代の絶滅の原因」「生態系の仕組み」「生態系の恩恵」
の四つに分けてまとめていくことも確認します。

●観点と思考モデルの設定

　①観点の設定

　　　観点は、「生物」「生態系」といった繰り返し登場する **反復表現** と
　　します。

　②思考モデルの設定

　　　本時は「現代の絶滅と過去の絶滅との比較」では「比較」、「現代の絶
　　滅の原因」では「因果」、「生態系の仕組み」「生態系の恩恵」では「具
　　体化」の思考モデルを使い、内容をまとめていきます。

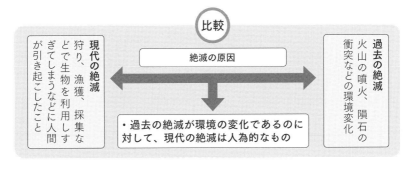

【個人追究】　【協働追究】

　導入で学習課題の設定をしたら、第二部を四つに区切ります。

　そのうえで、それぞれの内容を整理するために必要な思考モデルを示します。生徒は、自分が追究してみたい箇所と思考モデルを選択し、追究していきます。

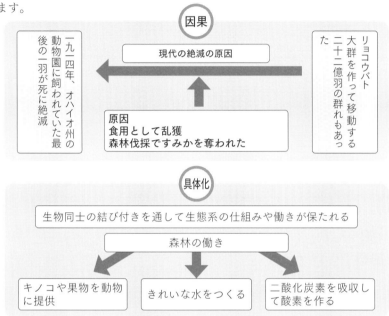

3）板書

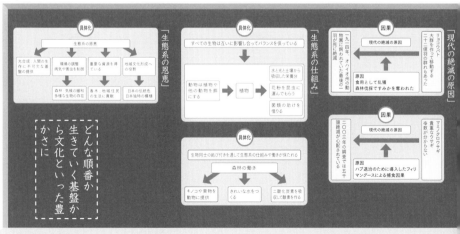

現代の絶滅の原因については、リョコウバトの例やアマミノクロウサギの例が示されています。リョコウバトについては「変化の前 – 変化の原因 – 変化の後」が明確に示され、因果の思考モデルにきれいに当てはまります。

　アマミノクロウサギについては「変化の前」が示されていません。思考モデルを使うことで、筆者の論理展開で更に必要なことを見付けることができます。生態系の仕組みや生態系の恩恵については、筆者の主張に対して事例が「例えば」を使い丁寧に述べられているものが多くあります。従って簡単に思考モデルを作ることができます。さらに、生態系の恩恵については「第一に」「第二に」のようにナンバリングがなされていますので、簡単に「具体化」の思考モデルに当てはめていくことができます。生態系の恩恵に関するほとんどの説明が、はじめに筆者の主張を示し、その後具体を示すという展開となっていますので、矢印を下につないで、具体性を高める思考モデルを作ることができます。

　また、生態系の四つの恩恵はなぜこのような順序に配列されているのかを生徒に考えさせてみると、文化への影響といった豊かさに欠かせないものであるという順序になっていることもみえてきます。

　個人追究の後の協働追究では、「現代の絶滅と過去の絶滅との比較」から順に思考モデルにまとめたものを発表、検討し合って全体の理解を深めます。

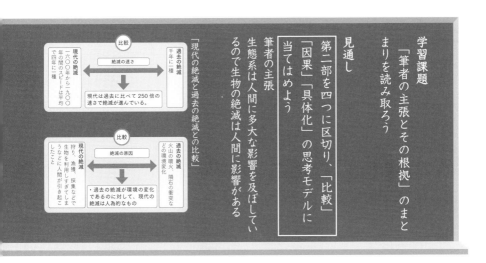

単元デザイン 3年

誰かの代わりに

内容を正確に理解したうえで自分の考えをもとう

● 特に押さえたい観点

接続語 助詞・助動詞・補助動詞
反復表現

● 特に活用したい思考モデル

因果 比較 抽象化 具体化 論証

1. 教材の概要

　教科書の手引きを見ると、本教材での目標は「C(1)エ　文章を読んで考えを広げたり深めたりして，人間，社会，自然などについて，自分の意見をもつこと。」であることが分かります。気を付けなければならないのは、「文章を読んで考えを広げたり深めたりして」の箇所です。C(1)エについて『中学校学習指導要領（平成29年告示）解説　国語編』では、「『構造と内容の把握』や『精査・解釈』の学習過程を通して理解したことや評価したことなどを結び付けて自分の考えを明確にもち」と説明されています。

　つまり、教材文に対して自分の考えをもつ、といった場合には、まず確実に内容の理解をすることが前提になるということです。

　本教材では、「自分とは何か」という問いを出発にして、まず、現代社会の自由と共に「何ができるのか」が求められる社会が挙げられ、その結果、「こんな私でも、ここにいていいのだろうか」という不安になることが述べられています。その結果、自分を無条件に肯定して欲しいという欲求が生まれることと、そのことにより、他者依存に陥ることの危惧が述べられています。他者依存に陥らないためには、人生で見舞われる様々な問題を引き受ける強さが必要であることが述べられ、困難を一人で抱え込まず、「誰かの代わりに」と支える側に回ることのできる状態にする「自立」が必要であると続けています。互いに関わり合い、弱さを補い合う中で、「自分とは何か」も見えてくるといったことが述べられています。

　生徒には「これ」「それ」といった指示語や、変化する反復表現を押さえていくことにより、まず内容を確実に理解させることが必要になります。

2．単元展開

時	■学習課題 ／・学習活動	主な観点	思考モデル
1	■文章を読み、単元を通して考えていきたいことを決めよう ・「自分の存在意義とは何か」について考えをもち、発表し合う。 ・教材文を読み、初発の感想を出し合う。 ・教材文を読む中で、よくわからなかったことを出し合う。 ・指示語が指す内容を考えながら、教材文を再読する。 ・単元を通した追究課題「教材文の内容を理解したうえで、自分の考えをもつ」を決め出す。	反復表現 修飾語・接続語	論証 比較
2	■論理展開をつかみ、内容を理解しよう ・筆者はどのようなことについて問題提起しているかを昔の封建制と現代とを比較することにより読み取る。 ・筆者の考える「自立」「責任」の意味を反復表現の言いかえに着目し、具体化と抽象化をすることにより読み取る。 ・筆者は、自分が存在することの意味を感じながら生きるためにはどのようにすべきだと主張しているかを、因果思考を使い読み取る。	反復表現 修飾語・接続語	比較 具体化 抽象化
3	■筆者の主張に対する自分の考えをもとう ・前時の学習や、「パンセ」の一節を手掛かりとして、人はどのような気持ちで生きていくべきかについての筆者の考えを確認する。 ・筆者の考えに対する自分の考えをもつ。 ・自分の考えの理由をまとめる。 ・筆者の主張に対する考えを発表し合う。 ・交流後、自分の考えをもう一度見直す。	反復表現	論証

3．第2時授業展開プラン

学習課題 論理展開をつかみ、内容を理解しよう

1）押さえたい観点と思考モデル

同様の意味の言葉を 変化する反復表現 の観点を使い把握します。

思考モデルは「比較」「因果」「具体」を使います。

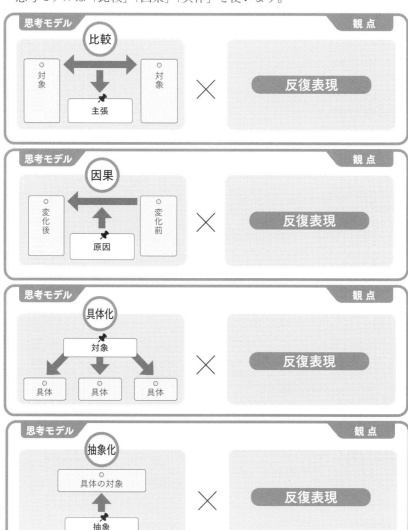

2）授業展開

●学習課題の設定

　単元のゴールは、教材文に書かれている、自分が存在することの意味を感じながら生きるためにはどのようにすべきだと筆者が述べているかを理解したうえで、筆者の主張に対する自分の考えを表明するということです。

　しかし、第1時の学習で本教材文を読んだ生徒の多くは「難しい」「よくわからない」という印象をもちます。

　そこで、本時では、まず、内容を確実に読み取ることを目指し、「論理展開をつかみ、内容を理解しよう」という学習課題を設定します。

●観点と思考モデルの設定

　①観点の設定

　　　本教材では、同様の意味をもつ言葉の言い回しが変化していきます。

　　　例えば、「責任」は、「誰かの代わりに」から「リスポンシビリティ」そして「訴えや呼びかけに応じ合う、という協同の感覚」といったように変化をしていきます。

　　　このような 変化する反復表現 を追いかけていくことで内容の確実な理解につながります。

　②思考モデルの設定

　　　本時は以下の思考モデルを使って内容を読み取っていきます。

　一つ目は、筆者が問題提起している内容を昔の封建制と現代とを「比較」して読み取ることです。

　　　二つ目と三つ目としては、筆者の考える「自立」「責任」の意味を反復表現の言いかえに着目し、「具体化」と「抽象化」をすることにより読み取ることです。

　　　四つ目は、筆者は、自分が存在することの意味を感じながら生きるためにはどのようにすべきだと主張しているかを、「因果」思考を使い読み取ることです。

個人追究　協働追究

導入で学習課題の設定をしたら、協働追究する中で昔の封建制と現代とを

比較し、筆者が「自分とは何か」を問題提起していることを読み取ります。続いて、「自立」とは何かについても全体で追究し、「自立」についての筆者の考えを読み取ると共に、 変化する反復表現 を具体化したり、抽象化したりしていくことで、文脈を追う読みについての理解を進めます。

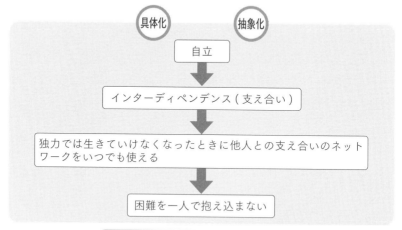

このようにして、 変化する反復表現 の連鎖を読み取っていく方法について全体で理解を進めたら、「責任」については、各自で思考モデルを作り、全体で確認をし、自立と責任の関係をまとめます。

3）板書

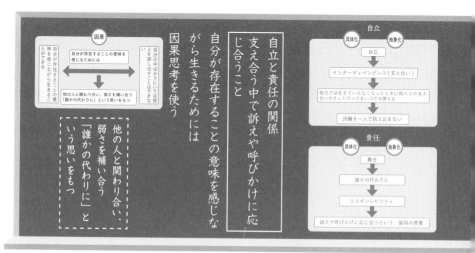

そのうえで、自分が存在することの意味を感じながら生きるためにはどのようにすべきだと筆者が主張しているかを、「因果」の思考モデルを使ってまとめます。時間があれば各自で行い、全体で確認します。

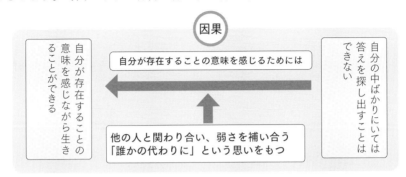

因果

自分が存在することの意味を感じるためには

自分が存在することの意味を感じながら生きることができる

他の人と関わり合い、弱さを補い合う「誰かの代わりに」という思いをもつ

自分の中ばかりにいては答えを探し出すことはできない

以上の活動を通して理解したことを基にして、次時はまず、教材文に引用されている「パンセ」の一節の意味を検討したうえで筆者の主張を確認します。そのうえで、筆者の考えに対する自分の考えをまとめ交流します。

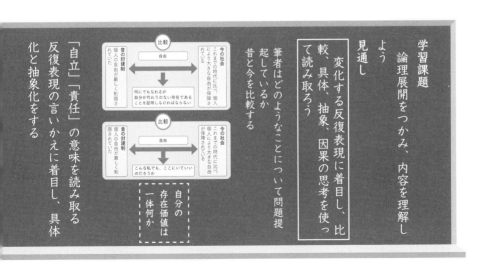

学習課題
論理展開をつかみ、内容を理解しよう

見通し
変化する反復表現に着目し、比較、具体、抽象、因果の思考を使って読み取ろう

筆者はどのようなことについて問題提起しているか
昔と今を比較する

比較

今の社会
これまでの時代に比べ、個人の自由により大きな自由が保障されている

自由

昔の封建制
個人の自由が厳しく制限されていた

何にでもなれるが自分が代わりのない存在であることを証明しなければならない

比較

今の社会
これまでの時代に比べ、個人の自由により大きな自由が保障されている

自由

昔の封建制
個人の自由が厳しく制限されていた

こんな私でも、ここにいていいのだろうか

自分の存在価値は一体何か

「自立」「責任」の意味を読み取る
反復表現の言いかえに着目し、具体化と抽象化をする

おわりに

　本書に示した思考モデルを教室で個人追究の際に使う場合、方法が二つあります。

　一つは、教師がパワーポイント等を使って作った雛型を生徒の端末に送り、生徒はその雛型に自分の追究内容を入力していく方法です。この方法だと、サーバー上でお互いに追究内容を閲覧することができます。教師も各自の考えを端末から見ることができます。

　もう一つは、板書された思考モデルに沿ったものを生徒がノート等に書くというものです。この場合には、ノートに書いていく簡単さはありますが、共有は簡単にはできません。書画カメラを使って大型 TV に映す、教師が生徒のノートを撮影してそれを大型 TV に映す、或いは、ホワイトボードに書かせて、黒板に貼り付けるといった方法が必要になります。ICT の環境は各学校により状況が異なりますし、ICT ツールをどのような場面で使うかについては、教師によって考え方が異なっていて当然です。生徒の学びにとって最も効果的な方法で思考モデルを活用していただけると良いと思います。

　また、思考モデルを提案しておきながら述べるのはややはばかられますが、結局は思考のイメージは人によって異なることが当然です。今回示した思考モデルが、比較、因果といった概念的思考を表すのにぴったりと思う先生、生徒もいると思います。一方で、自分のイメージとは異なると感じる先生、生徒もいると思います。

　伝えたいことは、自分の思考モデルを自分で作れるようになるとより良いということです。

　自分の認知スタイルに合わせて自分オリジナルの思考モデルが作れれば、その方が出来合いのものを使うより、余程思考は活性化すると思います。

　本書がそのためのたたき台となり、先生方や生徒にとって、より使いやす

い思考モデルを創造していくための一助になれば幸いです。

　文学的文章の解釈や説明的文章の論理展開を読み取るといった場合、思考モデルを活用して視覚化することは効果的ですし、確実に「読み方」を身に付けさせることができます。読み方を身に付けた一人一人の生徒が自らにとって最適なものを使い解釈し、様々な読み方を使った仲間同士が協働して豊かな解釈を紡いでいける国語教室が実現することを期待します。

　最後になりましたが、本書を上梓するにあたり、東洋館出版社の西田亜希子様には本当にお世話になりました。この場を借りてお礼を申し上げます。
　令和5年3月
小林康宏

著者紹介

小林康宏

（こばやし・やすひろ）

和歌山信愛大学教授

長野県出身。横浜国立大学大学院修了後、長野県内の公立小中学校に勤務し、2019 年 4 月より現職。元長野県教育委員会指導主事／和歌山市客員指導主事／きのくに国語の会顧問／日本国語教育学会理事／全国大学国語教育学会会員／夢の国語授業研究会幹事／東京書籍小学校国語教科書「新しい国語」編集委員／東京書籍中学校国語教科書「新しい国語」編集委員

[単著]
- 『小学校国語「見方・考え方」が働く授業デザイン - 展開 7 原則と指導モデル 40 ＋ α』平成 31 年 3 月・東洋館出版社
- 『中学校　国語の授業がもっとうまくなる 50 の技』令和元年 6 月・明治図書出版
- 『大事なことがまるっとわかる 研究主任1年目の教科書』令和 2 年 3 月・明治図書出版
- 『問題解決学習を成功させる「見方・考え方」スイッチ発問』令和3年3月・東洋館出版社
- 『WHYでわかる HOWでできる 中学校国語授業アップデート』令和3年7月・明治図書出版
- 『ICT 活用から思考ツールまで 中学校国語の板書づくり アイデアブック』令和3年 12 月・明治図書出版
- 『中学校国語 問題解決学習を実現する「見方・考え方」スイッチ発問』令和4年3月・東洋館出版社

[編著]
- 『板書 & イラストでよくわかる 365 日の全授業小学校国語　5 年上』令和3年3月・明治図書出版
- 『板書 & イラストでよくわかる 365 日の全授業小学校国語　5 年下』令和3年8月・明治図書出版

＜共著＞
- 『子どもがどんどんやる気になる 国語教室づくりの極意 国語授業編／学級づくり編』平成 27 年 2 月・東洋館出版社
- 『子どもがどんどんやる気になる 国語教室づくりの極意 1 時間授業編』平成 28 年 8 月・東洋館出版社
- 『実践・二瓶メソッドの国語授業』平成 30 年 2 月・東洋館出版社
- 『5分でできる！ 小学校国語 ミニ言語活動アイデア事典』平成 30 年 2 月・明治図書出版
- 『スタートダッシュ大成功！ 小学校 全教科の授業開き大事典 中学年／高学年』平成 30 年 2 月・明治図書出版
- 『言葉の力がぐんぐん伸びる！ 二瓶 & 夢塾流 国語教室づくりアイデア事典』平成 30 年 7 月・明治図書出版
- 『みんなわくわく 小学校国語 物語文の言語活動アイデア事典』平成 31 年 2 月・明治図書出版
- 『1 年間まるっとおまかせ！ 小3／小5／小 6 担任のための学級経営大事典』平成 31 年 2 月・明治図書出版
- 『小学校国語物語文／説明文の授業技術大全』令和元年 7 月・明治図書出版
- 『どの子も輝く！通知表の書き方 & 所見文例集 小学校低学年／中学年／高学年』令和 2 年 5 月・明治図書出版
- 『小学校国語 物語文の発問大全』令和 2 年 7 月・明治図書出版
- 『with コロナの学級経営と授業づくり』(令和 2 年 8 月・明治図書出版)　　他多数

思考モデル×観点で論理的に読む
文学教材の単元デザイン

2023(令和5)年4月22日　初版第1刷発行

著　者　　小林康宏

発行者　　錦織圭之介

発行所　　株式会社東洋館出版社

〒101-0054　東京都千代田区神田錦町 2-9-1
コンフォール安田ビル
代　表　TEL：03-6778-4343　FAX：03-5281-8091
営業部　TEL：03-6778-7278　FAX：03-5281-8092
振替　00180-7-96823
URL　https://www.toyokan.co.jp

［編集担当］西田亜希子（東洋館出版社）
［装幀・本文デザイン］中濱健治
［組版］藤原印刷株式会社

ISBN978-4-491-05103-1　　Printed in Japan